AF359261

CATÉCHISME

DU

PROLÉTAIRE

PAR

le Citoyen XAVIER SAURIAC

MEMBRE DE LA SOCIÉTÉ DES DROITS DE L'HOMME

PARIS

IMPRIMERIE BALITOUT, QUESTROY ET Cᵉ

7, RUE BAILLIF, 7

—

1880

AVERTISSEMENT

SUR CETTE NOUVELLE ÉDITION

Au moment où toutes les questions sociales sont à l'ordre du jour, je crois devoir faire paraître une édition nouvelle du *Catéchisme du Prolétaire*, publié en 1834 par le citoyen X. Sauriac, avec une témérité courageuse qui attira sur lui les persécutions du gouvernement.

Cet essai servit de prélude à une œuvre plus étendue : *Un Système d'organisation sociale*, publiée en 1850 par le hardi réformatteur, auquel elle valut de nouvelles poursuites et de nouvelles condamnations.

Le *Catéchisme du Prolétaire*, vrai manuel des classes opprimées, après avoir esquissé rapidement les griefs et les maux du prolétariat, arrive à une conclusion nette, définie, que les préjugés sociaux pourront peut-être retarder encore pendant un certain temps ; mais qui deviendra un jour nécessaire, inéluctable, et s'imposera fatalement aux réformateurs de l'avenir avec toute la force du droit préexistant, du droit imprescriptible.

Paris, 1880.

C. SAURIAC.

RÉFORME SOCIALE

ou

CATÉCHISME DU PROLÉTAIRE

INTRODUCTION

Quiconque aura médité sur la monstrueuse organisation de notre corps social, et suivi les progrès qu'ont fait cependant les esprits, malgré tous les obstacles, sera moins étonné de ces insurrections partielles et de nouvelle nature (1) qui, sans bruit, sans désordre, sans emploi de force brutale, armées seulement de la raison et du droit, viennent depuis quelques jours le saper alternativement jusqu'en ses fondations, que de la longue et vigoureuse existence qu'est parvenu à conserver, à travers

---

(1) Cette brochure fut publiée à l'époque des coalitions d'ouvriers.

tant de siècles, un édifice reposant sur des bases aussi mauvaises et aussi dangereuses.

Examinez, en effet, l'état dans lequel se trouve, après quinze cents ans de monarchie, la population de la France ! Visitez, avec soin, les diverses classes dont elle se compose ! et vous serez stupéfaits devant l'audace frénétique des unes, et la patience presque surnaturelle des autres ! Vous serez contraint d'avouer qu'il a fallu nécessairement du prodige, pour tenir si longtemps en alliance les agneaux et les loups !

Voyez d'abord dispersées dans les champs ces espèces de quadrupèdes, comme osait dire autrefois à la cour le philosophe La Bruyère, en parlant de ces pauvres paysans que l'habitude d'un travail pénible fait courber vers le sol, avant l'âge ! Suivez dans leur carrière obscure ces malheureux colons qui, ne participant à aucun des bienfaits de la société, n'en connaissent au contraire que les charges, et sont entièrement sacrifiés pour elle ! Destinée pitoyable que la leur ! à peine si on se sent le courage d'en tracer le tableau.

Les voilà presque nus dans toutes les saisons, attachés, pour ainsi dire, à une terre qui ne leur appartient pas, et de laquelle ils ne posséderont jamais que l'espace étroit d'une tombe, la défrichant de leurs mains, l'arrosant de leurs sueurs, finissant par l'engraisser de leurs cadavres! Ils semblent n'être venus au jour qu'afin de partager la vie des végétaux qu'ils cultivent. Comme eux, ils sont, en quelque sorte, réduits à pousser et à s'entretenir par la seule vertu de cette séve nutritive dont la nature a pourvu tous les corps organisés ; car, la saveur des fruits qu'ils récoltent, et la chair des animaux qu'ils élèvent, sont trop délicates ou trop coûteuses pour leur bouche. C'est l'homme de la cité qui doit les consommer. Quant à eux, ne sont-ils pas libres de brouter l'herbe, comme les bêtes qu'ils fréquentent? Ne possédant, pour tout abri, que des cabanes mal construites, et par cela même insalubres, ils exposent constamment aux injures du temps leurs membres fatigués paralysés de douleurs, vieillis au mordant de l'air, et desséchés aux ardeurs du soleil. Ils n'ont d'autre propriété dans le monde que celle de leur misère, d'autres distractions dans la solitude que celles des intempéries du ciel, d'autres douceurs dans la vie que celles de l'accouplement, d'autres lumières dans l'esprit que celles de la raison primitive. Ne s'étant jamais écartés du lieu où un funeste hasard opéra leur création, à moins qu'ils n'aient été appelés à faire l'étape du soldat, le sac au dos, le fusil sur l'épaule, pour aller s'exposer au champ de bataille, ils n'ont pas la moindre idée de l'influence qu'est capable d'exercer l'éducation. Ils ignorent parfaitement toutes les inventions auxquelles s'est élevé le génie de la race humaine. Réduits en un mot au rôle muet et passif de machines, n'ayant pas un seul instant de loisir pour songer à leur dignité d'homme, ne se doutant pas même qu'ils font partie d'un corps social, obéissant avec respect à tous les caprices de leurs maîtres, baissant craintivement la tête sous des lois qu'il leur est impossible de comprendre, et tremblant sans cesse devant un Dieu dont on se plaît à leur faire peur, ils demeurent dans l'état sauvage de la famille, au sein même du pays qui passe pour être à la tête de la civilisation ; et l'on est en droit de dire d'eux, au dernier jour de leur existence toute matérielle, qu'ils naquirent et moururent esclaves de l'homme propriétaire dont ils fouillèrent le champ.

Pénétrez maintenant dans les villes, et observez cet essaim immense de prolétaires nouveaux, serfs d'une autre nature, ouvriers de toutes les professions, depuis le chiffonnier jusques à l'imprimeur! Certes, il en faut faire l'aveu, ces infortunés ne manquent ni d'honnêteté, ni de loyauté, ni de bonnes intentions, ni d'intelligence, ni d'industrie, ni de courage. Et cependant, depuis l'empereur Charlemagne, l'instituteur des lettres, quelle éducation est venue faire éclore et fructifier des germes si précieux? Où sont les écoles gratuites qui devraient dispenser à chacun une instruction relative, et faire un bon citoyen, en même temps qu'un artisan habile? Hélas! tout leur savoir se borne à reconnaître leur ignorance, et l'injustice de leur cruelle position. Trop heureux encore s'ils pouvaient tous en être pénétrés!

Après des journées entières de la plus rude occupation, le salaire que perçoit l'ouvrier peut à peine suffire à ses besoins matériels. Obligé, le plus souvent, pour pouvoir faire usage de son industrie, d'emprunter à des mains usurières, paresseuses et maladroites, les moyens d'acquérir la matière première qu'il sait seul exploiter, il a la douleur de voir retenir, à titre d'intérêts et de commission, la meilleure part du bénéfice que doit rapporter son œuvre. Si, révolté du monopole scandaleux qu'on fait de ses talents il croise ses bras, et feint de vouloir rester dans l'inaction, bien loin d'effrayer le monopoleur, il ne fait que lui prêter à rire. Ce dernier est certain de conserver sa domination ; car c'est chez lui que se trouve la valeur représentative avec laquelle on achète ce qu'il faut pour manger, se vêtir et s'abriter ; et dès lors, il considère cet acte de désespoir comme une colère d'enfant. Ce n'est à ses yeux qu'une bouderie qui porte un certain préjudice à sa caisse, il est vrai, puisqu'elle interrompt momentanément ses bénéfices habituels, mais qui aura son terme, quand la faim viendra parler à l'estomac du pauvre insurgé. Et dans le fait, ce refus pourrait avoir par lui-même des conséquences graves, si le prolétaire avait des moyens d'y persister jusqu'à l'époque où tout ce qu'il a produit et livré à la consommation aurait disparu. Il faudrait en ce cas que chacun songeât à pourvoir lui-même à ses nombreux besoins, et partant la société se trouverait dissoute, si le monopoleur, amolli par la paresse, et convaincu de son inhabileté, ne se hâtait d'acquiescer aux conditions nouvelles qui pourraient lui être faites. Mais en réalité ce refus, devient sans aucune importance pour le capitaliste, détenteur de la monnaie courante qui sait très-bien que le prolétaire radouci sera bientôt contraint de reprendre son œuvre, au même prix qui la lui avait fait quitter. Dans l'impossibilité de songer à la moindre économie, puisqu'il satisfait tout au plus aux exigences du présent, le malheureux ouvrier reste sans nul espoir d'avenir ; bien plus, il abrége cet avenir ; il diminue la somme présumable de ses jours, afin d'en soutenir une fraction. Son sort est pitoyable ; mais, que gagne-t-il à s'en plaindre ? Ne le voyez-vous pas brusqué dès qu'il ose faire entendre sa voix, mis aux prises avec la faim s'il suspend son travail, en un mot, emprisonné, mitraillé, écrasé, si, convaincu de l'inutilité de ses représentations et de ses prières, il tente, dans un accès de désespoir, de détourner, par une secousse violente, la destinée de mal qui pèse sur sa tête ?

Jetez maintenant vos regards sur cette foule au moins aussi intéressante de prolétaires à éducation, portant l'épée, la toge ou la férule ! Modernes Simonides, ils ont tout avec eux. Et c'est de leurs ressources intellectuelles qu'ils doivent vivre, tout aussi bien que les ouvriers le font de l'adresse de leurs mains. Les trésors de la pensée sont les seuls à leur disposition, et c'est avec des valeurs idéales qu'ils sont obligés de s'en créer de positives. Mais, hélas !

par l'absurde et coupable direction que la
société a fait donner à leurs travaux classi-
ques, ces infortunés, en entrant dans le monde, n'en sauraient tirer le moindre parti. Leurs
lumières ne sont pas de nature à les aider à
se créer un bien-être, et l'instruction stérile
qu'ils reçurent est devenue pour eux le plus funeste des présents, et le plus lourd des far-
deaux. Au lieu de leur apprendre à vivre selon
leur époque, on n'a fait, pendant les pénibles
et précieuses années de l'enfance, que les entretenir dans le culte des belles choses du
passé. Sans songer qu'il fallait avant tout les
rendre citoyens de leur propre pays, on ne leur
a parlé que d'Athènes et de·Rome, comme si
ces deux antiques maîtresses du monde étaient
encore debout, et qu'ils eussent été destinés à
vivre sous des Périclès ou des Auguste. Ils ne
possèdent la plupart que du grec et du latin,
mauvaise marchandise, s'il en fut, qui com-
mence heureusement auprès des hommes
éclairés par n'avoir plus de cours, cédée constamment avec dégoût, et constamment acquise
à contre-cœur, d'un si bas prix d'ailleurs que
le propriétaire du fonds le plus riche n'inspire
pas encore assez de confiance chez nous, pour
pouvoir figurer sur la liste des électeurs de

petit collége. Réduits, par la nature bornée de leurs connaissances, à choisir entre un fort petit nombre de carrières, ils s'y précipitent par milliers, les encombrent, et puis y languissent dans l'inaction, le dépit et la misère, sans qu'il en puisse être autrement. Séparés de la foule par l'éducation, éloignés des rangs supérieurs par le défaut de fortune, écrasés dans leur sphère intermédiaire par de trop nombreuses rivalités, et contraints malgré tout de se montrer sous les dehors de l'aisance, par respect de leurs nobles professions, ces malheureux, plus à plaindre cent fois que ce corps d'ouvriers lyonnais, qui du moins avaient osé dans leur désespoir arborer l'étendard de la faim, n'ont pour éviter l'aumône ou le suicide, que le chemin périlleux des révolutions. Mais, que leur importent les dangers ? Que leur fait la mort ? Ne doivent-ils pas préférer se trouver face à face avec elle, en s'efforçant de renverser un ordre social qui après les avoir égarés les considère comme des ilotes plutôt que de périr oisifs au milieu des travaux de la multitude auxquels ils paraissent incapables de participer ?

Passez enfin au contraste ! et venant de contempler ces malheureux parias de notre population, dont le sort vous aura sans doute touché le cœur, observez avec calme, si cela vous est possible, ce groupe de mortels privilégiés dont la seule occupation dans la vie est celle de prolonger et d'embellir leurs jours! Hommes de titres, hommes de finances, hommes de places, hommes de robe, hommes de terroirs, puissants manufacturiers, princes du négoce, les voilà tous sous leurs riches costumes, disposant à leur gré de l'argent, des lumières, des honneurs, des séductions, des priviléges, de la force armée, en un mot, de tout ce que renferme notre société, hormis de la vertu! Soit parce qu'ils sont arrivés avant les autres, soit, enfin parce qu'étant doués de plus d'adresse, ils se sont élevés eux-mêmes, ils ont maintenant tout en partage. Aussi, sont-ils contents de l'état actuel des choses, et ne veulent-ils point laisser faire un seul pas au progrès, de peur que ce pas ne les entraîne au précipice. Que de douceurs en effet dans l'existence du capitaliste! car on peut par ce nom collectif désigner ces diverses classes de favoris. Pour lui, point de travail! Occuper, jouir, consommer, s'enrichir encore, voilà son état! Il n'a point d'industrie; mais en a-t-il besoin? Ne possède-t-il pas d'ailleurs celle de vivre aux dépens du prolétaire? Celui-ci n'est à ses yeux qu'une machine productive, qui doit s'user à son service, sans jamais faire entendre de grincement dans les rouages ; car les oreilles du maître, formées aux douces harmonies, en seraient importunées. Ce personnage tout à fait inutile dans la la société, s'il n'y jouait le rôle négatif de consommateur, puisqu'il ne produit absolument rien par lui-même, n'a pour tout mérite que celui de prêter à usure quelque argent monnaie, pour tout savoir que celui de se placer en intermédiaire entre le véritable fabricant et le consommateur, afin de les pressurer chacun à leur tour. Le capitaliste est certain néanmoins de fournir une carrière heureuse, sans avoir besoin de s'inquiéter des menaces que peuvent lui faire ses victimes. D'un côté, l'argent qu'il a dans ses coffres, et d'un autre la force armée dont le concours lui est assuré, doivent le rassurer. En un mot, sans avoir droit à rien par sa valeur personnelle, le capitaliste se trouve, par le vice même de sa position, avoir droit à tout. Il est électeur, éligible, député, fonctionnaire, ministre. Il coopère à la fabrication des lois, s'il ne les fait lui-même. Et dès lors, il est aisé de concevoir la cause pour laquelle toutes sont en sa faveur, et toutes au détriment du prolétaire. S'il s'élève parfois de généreux défenseurs de la multitude qui

veuillent réclamer pour elle, le corps attentif
des privilégiés s'empresse autour d'eux, met en
jeu toutes les séductions imaginables, pour
acheter leur silence, les bâillonne même de
force, s'il a la douleur de les trouver incorrup-
tibles ; ou bien, si l'on ne peut leur susciter
quelque grief, et qu'il faille absolument les entendre ; les corps délibérants s'assemblent pour
avoir l'air de statuer sur la validité des récla-
mations, mais par pure formalité ; car tous les
juges sont intéressés dans la cause. S'il existe
d'ailleurs quelque légère dissidence dans les
opinions, le budget, qu'a eu soin d'alimenter
cette même classe honteuse de prolétaires qui
ose impudemment se redresser, met promptement les consciences d'accord ; et le nombre des
votes que viennent jeter dans l'urne des mains
salariées, prouve que, malgré tous les symp-
tômes contraires, la majorité néanmoins est
heureuse.

Et voilà tout ce qu'ont pu produire sur la société française quinze cents ans de gouvernement monarchique ! On ne saurait toutefois
accuser cette société de manquer d'aptitude au
progrès ; car la rapidité de sa marche depuis un
demi-siècle témoigne assez qu'elle est éminem-
ment perfectible. Or, si dans ce court espace de

temps elle a fait tant de pas vers le mieux, combien n'en eût-elle pas fait sans doute depuis sa formation, si les soixante-onze rois qui l'ont successivement gouvernée, n'avaient, au lieu de lui aplanir la route, employé constamment leurs efforts à la semer d'obstacles? Mais, le trône et l'autel servirent, dans tous les temps, de barricades au despotisme contre la civilisation, et jamais les peuples ne purent rien obtenir de leurs chefs qu'en se révoltant.

Enfin, voilà l'état déplorable dans lequel se trouve encore aujourd'hui notre société ! Elle peut être considérée comme formant deux corps ennemis composés, l'un de travailleurs, l'autre de paresseux, l'un de producteurs, l'autre de consommateurs, l'un de maîtres, l'autre d'esclaves. Dans le premier figurent tous ces hommes qu'on appelle vulgairement aristocrates, c'est-à-dire tous les grands propriétaires, et tous les gens de finances, les hauts fonctionnaires publics, militaires ou civils, les négociants, les bourgeois ou petits propriétaires, et les exploiteurs de tous les étages. Dans le second sont entassés ces hommes parias qu'on nomme indistinctement prolétaires, patriotes, républicains, mendiants, vagabonds, et que j'appelle moi mécontents ou réformistes, et qui renferment dans leur caste tous ceux qui ne manient pas de capitaux, qui ne sont pas salariés par le gouvernement, et qui ne possèdent à leur début que leurs talents pour vivre, c'est-à-dire des soldats, des employés, des avocats, des médecins, des chirurgiens, des hommes de lettres, la totalité des professeurs, des artistes, des ouvriers, des industriels, des cultivateurs en grande partie. Aux uns appartiennent les droits, les honneurs, les sinécures, les profits, tout ce qui peut prolonger l'existence, et la rendre agréable, les habitations et les ameublements commodes, les tables abondantes et délicates, les bons vêtements, les domestiques, les chevaux, les voitures, les femmes, les divertissements, les jeux. Aux autres les fatigues, la corvée, la conscription et le spectacle insolent des heureux que font et qu'entretiennent chaque jour leurs sueurs.

Mais, pour remédier à une si injuste répartition de choses, pour éviter tant de supercheries d'un côté, et tant de malheurs de l'autre, quels moyens faudrait-il donc mettre en usage? Il n'en existe qu'un pour le moment, et c'est celui de l'Instruction. Quand les diverses classes des prolétaires auront compris tout le mal,

toute l'injustice, et cependant toute l'importance de leur position ; quand l'armée prin-
cipalement venant à se mieux connaître, sera
bien convaincue que, loin d'être une bande
de stipendiaires, soudoyés par un chef ou un
gouvernement, elle est partie essentielle de
l'immense famille des prolétaires, qu'elle est
par conséquent prolétaire elle-même, payée
d'ailleurs par les impôts prélevés sur d'autres
prolétaires ; quand chaque soldat, ayant senti
l'odieux de son rôle à intervenir pour protéger le crime, ne voudra plus en être le
complice, alors sera venu le temps d'appliquer
un second et dernier remède sur la vieille plaie
qui dévore notre corps social. C'est alors qu'il
faudra remettre la main à cette œuvre sublime
qui deux fois fut placée vainement sur le san-
glant chantier. C'est alors que, renversant de
fond en comble le gouvernement monarchique,
il faudra faire disparaître cette hideuse institution, jusque à son moindre vestige, labourer le
sol qui supportait son édifice, et élever le colosse de la République (1) sur la terre aplanie.

C'est surtout le jour de cette glorieuse exécu-

---

(1) On verra ce que j'entends par ce mot, dans la partie
de l'ouvrage intitulée *Système*.

tion et le lendemain qui la suivra qu'il faut éviter de se laisser entraîner par les discours pompeux de ces bateleurs politiques qui échappés de leurs caves ou de leurs greniers, viendront exposer leurs systèmes hypocrites, et proposer de sauver la Patrie, après avoir commencé par se sauver eux-mêmes ! Car, il sera juste enfin que le troisième acte du drame soit joué au bénéfice de la Nation qui a fait jusqu'ici tous les frais.

La République ! la Réforme ! Voilà le baume à tous les maux des peuples ! Voilà ce qu'attend notre France, depuis un demi-siècle ! Il lui faut un nouveau régime. Elle l'a senti ; et les mouvements convulsifs qui ont agité ses dernières générations ne doivent pas avoir d'autre principe, aux yeux de celui qui sait lire l'histoire.

En effet, la Révolution de 1789 n'avait pas seulement pour but de déraciner du cœur de la Nation le privilége monstrueux que l'aristocratie de la noblesse et du clergé s'y étaient arrogé, et d'étouffer d'un seul coup toutes les idées avilissantes de la féodalité : elle se proposait aussi nécessairement de changer la forme gouvernementale de la France ; et la preuve en est en ce qu'elle avait déjà jeté les premiers

fondements de la Démocratie, sur les ruines de
l'état monarchique. Mais, cette fatalité inconcevable, qui préside au sort des peuples, tout
aussi bien qu'aux destinées individuelles, mit
alors sur la scène un génie malfaisant qui, par
son miraculeux ascendant, faisant faire halte à
la pensée directrice, et bientôt même osant la
refouler jusqu'au point d'où elle était partie,
s'intronisa chef d'un corps social qui n'en voulait
plus avoir, et couvrant ses actions du prestige
de la gloire, reconstruisit, sans que personne
songeât à l'en détourner, le gouvernement despotique dans toute son énergie. Ce fut, hélas!
un grand malheur pour la cause de l'indépendance que cet épisode brillant et rapide de
la carrière de Napoléon, et malgré l'éclat inoui
dont il a fait resplendir les pages de notre
histoire, nos regrets doivent être profonds.
En effet, si la République, déjà proclamée, eût
continué sa marche, peut-être qu'après bien
des fautes inévitables dans tous les débuts, et
qu'auraient peut-être payées de leur vie les
mêmes hommes que l'Empire poussa sur les
champs de bataille, où ils n'en furent pas moins
sacrifiés ; peut-être cette République serait-elle
arrivée jusqu'à nous, forte, imposante et facile,
telle, en un mot, que nos cœurs la désirent et

que ses ennemis prétendent impossible. . Voilà, sans contredit, quel fut le principal mobile de la Révolution de 1789 ! L'extinction de la féodalité ne devait être qu'un de ses résultats.

L'esprit qui fit éclater celle de 1830 était absolument le même : il est impossible de ne pas le reconnaître, lorsqu'on embrasse d'un coup d'œil rapide la marche générale des choses, et qu'on ne se laisse pas égarer et perdre dans les détails, dont le propre est toujours de détourner l'esprit du but, en le distrayant sur la route qui y conduit. Le héros qui avait tout surpris, tout fixé, paralysé, tout comprimé n'était plus ; l'aigle au regard superbe, au vol rapide, aux puissantes serres, était à la fin tombé sur un roc sauvage au milieu des mers, frappé par les flèches anglaises. Napoléon qui non-seulement avait arrêté la Liberté dans sa course, mais qui avait encore anéanti toutes les idées d'affranchissement ; qui avait tantôt enivré, tantôt effrayé son pays, du chant de ses victoires ; qui avait séduit, même les défenseurs hésitants de l'indépendance, au point d'en faire les instruments de son despotisme privé ; qui avait enfin fasciné l'Europe entière par l'éclat de ses armes, et prétendait river les fers du monde entier ; Napoléon, dis-je, avait disparu pour la dernière fois. Fatigués par une trop longue tension, les esprits étaient d'abord tombés dans une sorte d'engourdissement. La France haletante, épuisée, couverte de blessures, s'endormit; et ce fut pendant ce sommeil de douleur que s'opéra la honteuse restauration. Mais la nation se réveilla bientôt ; elle vit avec effroi les chaînes que des mains étrangères lui avaient imposées ; elle reconnut toutes ses fautes ; elle comprit qu'elle avait été sous la fascination, sous le magnétisme du génie militaire ; elle déplora les scènes terribles qui naguère occupaient le continent; elle travailla à cicatriser ses plaies, à réparer ses pertes, et remontant la route sanglante qu'elle venait de parcourir, reprit en main l'œuvre qu'elle avait abandonnée depuis quinze ans. Au bout d'un pareil nombre d'années de travail, elle pensa que l'heure de là produire pouvait être de nouveau venue ; et la Révolution de 1830, sœur de celle de 1789, éclata brillante et pure comme les jours qui lui prêtèrent leurs soleils. Mais, il était écrit dans le livre des destins que l'établissement de la République échouerait encore à cette seconde tentative. Et voilà qu'au moment d'élever le bonnet phrygien au bout de la pique, le vertige de quelques hommes et la fourberie

de quelques autres détournent une deuxième
fois la Nation de l'idée qu'elle a poursuivie,
avec tant de constance, et la contraignent par
leurs prières, leurs promesses, leurs serments
et leurs mensonges, d'accepter, avant même
qu'elle ait eu le temps de réfléchir, un gouvernement d'anomalie, que l'immense majorité
repousse, et qui non-seulement n'est pas favorable au progrès, mais qui adopte au contraire
une marche rétrograde ! car chaque jour, il est
facile de s'en apercevoir, nous ramène vers la
monarchie absolue. Et tous nos efforts, depuis
la Bastille, à bien prendre la chose dans sa réalité, n'ont eu d'autre résultat que celui de substituer le capitaliste au marquis !

Or, est-il une aristocratie plus détestable
que l'aristocratie d'argent ? Mieux valait encore
pour ainsi dire celle de noblesse, avec son clin-
quant et ses fanfaronnades ! Il y avait au moins
chez elle quelque chose de bon parfois, cheva-
lerie, courage, loyauté, dépense surtout. Mais
dans l'aristocratie de bourse, que trouve-t-on ?
Mépris profond et bien visible pour tout ce
qui n'est pas riche, ignorance épaisse de tout ce
qui n'est pas finances, rapacité de vautour à
l'égard du prolétaire qu'elle dévore, avarice
sordide, car elle se voit toujours au moment de

tout perdre, et a toujours peur de manquer de tout, enfin cruauté de tigre envers le pauvre diable qui s'avise de raisonner sur sa propre situation, et de la comparer avec celle du riche. La peur de se voir attaqués dans leurs heureuses positions, dont ils sentent tous intérieurement l'injustice, rend ces hommes qui possèdent des animaux farouches, des bêtes vraiment féroces. Ils voient un ennemi dans tout individu qui n'est pas opulent comme eux ; souvent même jettent-ils des regards effrayés sur leurs propres rangs. Le prolétaire est à leurs yeux un voleur, un incendiaire, un assassin ; et cette affreuse conviction, qu'ils ne devraient pourtant pas avoir conservée depuis les Fameuses Journées, les fait entretenir des fusils toujours prêts à répondre aux plaintes que la raison et l'humanité leur adressent. Ne pouvant détruire logiquement l'objection, ils tuent l'argumentateur. Que ne se tenait-il à sa place, disent-ils ensuite ? sans vouloir avouer que cette place n'était pas tenable !

A voir le malheur constant de nos efforts, et les déceptions puériles auxquelles nous nous laissons toujours entraîner dans les heures décisives, il y aurait véritablement de quoi désespérer de notre sublime cause, si nous n'étions aussi bien convaincus que nous le sommes, que son triomphe, pour avoir été deux fois suspendu, n'en doit pas moins avoir lieu à la troisième tentative. Aussi, loin de céder au découragement, les sincères Républicains ou Réformistes sentent-ils redoubler leur zèle pour en rapprocher l'époque fortunée, et veulent-ils s'occuper d'éclairer les masses le plus rapidement possible. Quant à moi, voici ma première leçon !

FIN DE L'INTRODUCTION

RÉFORME SOCIALE

OU

CATÉCHISME DU PROLÉTAIRE

SYSTÈME

C'est pour la première fois, depuis que les hommes se sont rangés en société, que la conjoncture actuelle se présente. Elle n'a pas pu se produire plus tôt, car elle devait être amenée par la gradation des lumières, et jamais encore, il est permis de le dire, celles-ci n'avaient atteint, du moins sous le rapport des idées politiques, le niveau d'aujourd'hui.

La civilisation semble se diviser en immenses périodes, qui s'ouvrent et se clôturent par quelqu'une de ces époques qui font saillie dans l'histoire interminable du genre humain. La première de ces périodes, qui peut être appelée *l'Ère Sauvage*, comprend les progrès de l'homme, depuis sa naissance jusqu'à son entrée dans l'état de société. La deuxième, qui doit prendre le nom *d'Ère de la Captivité*, renferme des degrés d'amélioration, depuis ce dernier terme jusques à son passage dans *l'Ère de l'Égalité*. Et c'est là positivement que nous en sommes. Il y a cinquante ans que la race humaine est à l'état de chrysalide vers sa troisième métamorphose ; et la France se trouve le point culminant et de maturité par où elle travaille à l'accomplir.

Ainsi, ce n'est pas la souveraineté monarchique, ce n'est pas la souveraineté populaire qui sont maintenant en jeu, comme on le dit vulgairement ; tout le monde qui pense est à peu près d'accord intérieurement sur le triomphe légitime et tardif de cette dernière. Il ne s'agit non plus d'un roi, de ministres, de fonctionnaires ou de chambres à remplacer ; l'affaire de tous ces gens-là est faite et jugée au tribunal des peuples. Il n'est personne qui ne sache parfaitement à quoi s'en tenir sur leur compte, et si leur position se prolonge encore, et semble défendue par une minorité aristocratique, c'est bien moins à cause de leur mérite particulier que par la crainte de ce qui doit accompagner leur chute. Tous ces débats ne sont que des moyens partiels d'avancement, des mobiles secondaires de progrès pour la civilisation. Toutes ces luttes de gouvernements ne deviennent si fréquentes qu'à cause du passage de la seconde à la troisième période.

Plus on conçoit la profondeur du mal qui travaille plus ostensiblement notre société depuis un demi-siècle, mais qui date de son origine, puisqu'il prit naissance avec elle ; plus on est entraîné à penser que les divers empiriques politiques qui se sont produits, et ont fait essai de leur art aux moments des crises violentes, manquaient de perspicacité, de courage ou de conscience.

Dans la première hypothèse, leur esprit étroit s'était borné à comprendre que l'introduction du principe d'Égalité parmi les hommes, principe qui contient forcément celui de la souveraineté populaire, et tout ce qui en découle pouvait être un remède efficace à des douleurs qu'ils croyaient particulières à leurs temps, mais il n'avait été permis à aucun d'eux d'entrevoir que c'était là précisément le spécifique universel, la véritable panacée, ni de trouver les moyens d'en faire l'application, ni enfin de soupçonner l'immensité de travail que devait exiger ce travail.

2.

Dans le second cas, ils avaient eu la perspicacité nécessaire pour juger du grandiose de
l'œuvre, mais seulement d'une manière con-
fuse ; et s'étant perdus bientôt dans leurs ten-
tatives stériles d'exécution, car la loi agraire,
les confiscations et la guillotine ne pouvaient servir de véhicule à l'Égalité, ils étaient
restés comme démoralisés devant les monstrueux et inutiles résultats de leurs premiers
efforts, et n'avaient conservé ni assez de sens
ni assez d'énergie pour découvrir et oser dé-
sormais mettre en branle aucun des ressorts
qui pouvaient seuls bien commencer et bien
finir l'entreprise. Ses vastes proportions les
avaient en quelque sorte effrayés. Ils s'é-
taient vus trop petits aux pieds du colosse ;
et leur rôle, après avoir été celui de paraly-
tiques hébétés, s'était réduit à celui de victimes moutonnières.

Enfin dans la troisième alternative, n'ayant
été dépourvus ni de prévision, ni d'audace,
étant par conséquent à même de tout voir, et de
tout apprécier, et pouvant très-bien avec leur
dose de force morale passer à l'application de
la sublime doctrine, ils avaient été de faux
apôtres, des misérables de mauvaise foi, de
lâches égoïstes qui avaient reculé devant la

grandeur de leur mission craignant sans doute d'être emportés les premiers dans la nouvelle tempête qu'il fallait susciter, au milieu de l'ouragan déjà déchaîné !

En effet, on ne saurait admettre que des gens à intelligence supérieure, à vigoureuse énergie et de noble franchise, aient cru sincèrement qu'on pouvait faire germer, fleurir et perpétuer dans la société actuelle, où tout est artificiel, un principe qui doit lui apparaître d'autant plus étrange et plus impraticable, qu'il se rapproche davantage de la nature ; et cela, par la simple promulgation d'un article de loi, par la miraculeuse vertu d'un décret, lorsque les lois et les décrets ne sont euxmêmes que le produit des préjugés dont il s'agit justement d'opérer l'extirpation.

Non, ce n'est pas en proclamant à la tribune, dans les journaux, dans les assemblées, et même dans les rues, qu'il est juste que les hommes deviennent réellement égaux, qu'on réussira jamais à établir entr'eux l'Égalité. Ce n'est point par la déclaration faite dans une charte qu'on y arrivera non plus. Comment s'attendre à ce qu'une simple convention, parce qu'elle est inscrite dans un code, ait son plein effet, lorsqu'il est matériellement impossible qu'elle soit observée ? Comment prétendre faire naître, grandir et perpétuer cette sublime religion d'Égalité dans uu corps social dont les membres sont si bien divisés, par les mœurs et les intérêts ; où les uns ont de l'éducation et des préjugés, les autres de l'ignorance et du fanatisme ; où les uns possèdent tout, se reposent et jouissent, où les autres n'ont rien, travaillent constamment, et meurent de misère ; où les uns font profession d'être maîtres et de gouverner, les autres d'être esclaves et d'obéir ; en un mot, où il existe deux espèces si bien séparées qu'elles finissent par se croire d'un sang différent ; adoptent des séries d'idées tout à fait opposées, et se considèrent non seulement comme étrangères, mais même comme ennemies ? Croire de bonne foi qu'il suffit de proclamer le dogme de l'Égalité pour que cette Égalité surgisse tout à coup, et cesse d'être autre chose qu'une fiction. c'est être dupe. Soutenir qu'il en peut être ainsi, quand on n'est pas d'ailleurs tout à fait simple d'esprit, c'est donner positivement à entendre qu'on est fourbe et fripon. On feint de demander ce qu'on serait fort affligé d'obtenir. On veut que la profession du principe dispense de son application.

Encore une fois, car je ne me lasserai point

de le répéter, ce n'est pas par une maxime, un ordre, une publication, que ce nivellement impérieux des classes peut sérieusement avoir lieu. Vouloir y parvenir de cette manière, et prétendre étayer ainsi notre édifice social, dont les craquements sont faciles à entendre, c'est vouloir agir en fou, c'est vouloir consolider sa maison en la faisant repeindre, ou bien encore c'est, ainsi que je l'ai observé dès mon début, donner une preuve insigne de mauvaise foi. Et tous ceux qui se posent aujourd'hui en avocats de cette généreuse doctrine d'Égalité, sans indiquer dans leurs beaux discours d'autre moyen que celui d'une déclaration pour l'établir et la cimenter, sont, aussi bien que leurs devanciers, ou de pauvres idéologues qui feraient mieux de s'occuper d'autre chose que de la science politique, ou des hommes à trempe molle et efféminée, que l'idée d'un changement même indispensable effarouche, et qui voulant tout ménager, en commençant par eux, craignent de mettre au jour l'idée qui pourtant les tourmente; ou bien encore des menteurs impudents qui ne prêchent si haut qu'afin que l'éclat de leurs voix les fasse ranger parmi les capacités de l'opposition, mais qui seraient les premiers fâchés de voir la semence qu'ils répandent dans les esprits neufs et insatiables de la foule rapporter trop promptement des fruits.

Je serais assez enclin du reste à adopter cette dernière supposition, car les ambitieux ne manquent jamais nulle part, et ceux-là ne le sont pas moins qui déclament contre les autres. La République a eu, et aura encore ses aristocrates, comme la monarchie. Cette espèce est incorrigible. Les malheurs ne lui servent pas de leçon. Obstinée et vivace, elle résiste à tout, et si par moment elle paraît mourir, ainsi que le phénix, elle renaît de ses cendres. Ce n'est point à coup sûr l'Égalité que désirent ceux qui parlent constamment de ses avantages, sans enseigner comment on en pourrait jouir. La preuve en est d'ailleurs en ce qu'ils cherchent toujours à se glisser aux premiers rangs chez leurs frères d'opinion. C'est au contraire une occasion de sortir de la sphère de médiocrité où se consume leur orgueil, qu'ils réclament. L'ordre existant les écrase. Ils ne sont pas connus. Peut-être sous un nouveau système, leur nom resterait-il moins obscur. A cette seule pensée, ils s'animent, ils délirent, ils ne rêvent que bouleversement, et veulent y pousser tout le monde ; mais, c'est toujours

avec la restriction intime de l'intérêt particulier. Si pourtant il est vrai qu'ils souhaitent avec
tant d'ardeur cette Égalité sociale, que ne com-
mencent-ils donc par en réclamer énergique-
ment la sincère et brutale application par tous
les moyens? C'est en passant de la théorie
phrasée, et par cela même suspecte, à la pratique
immédiate, que leurs patrons auraient dû, et
qu'ils devraient eux-mêmes aujourd'hui,
faire juger de leur sincérité. Mais le moment
n'est jamais venu pour ces pseudo-philan-
thropes, ces amis exaltés, ces défenseurs éloquents des classes plébéiennes de faire l'application de leurs belles maximes. En habiles et
chaleureux tribuns, ils ont soin de rappeler au
peuple toute sa dignité; ils l'excitent à sortir de
sa longue apathie, à ne pas supporter le moindre
empiétement; mais, puisqu'ils se bornent à
donner des conseils, sans désigner aucune
voie pour les suivre, n'est-il pas probable que
c'est avec l'espoir que leurs paroles retentis-
santes n'amèneront d'effet que dans un avenir
douteux, c'est-à-dire quand leur carrière in-
dividuelle aura été fournie? car pour eux, ils
paraissent avoir à cœur de se maintenir sur les
sommets élevés si jamais ils parviennent à les
atteindre. Alors on les verrait disposés à dé-

fendre leurs positions et prêts à mourir plutôt
que de se résoudre à descendre inconnus dans
cette foule qu'ils égarent, et dont ils ne veulent
abaisser une partie et élever l'autre, qu'afin d'a-
voir la gloire de les exploiter toutes deux.

Quoi ! c'est en changeant un gouvernement, c'est-à-dire en jetant quelques pygmées
à terre, et en les remplaçant par de plus nains
peut-être ; c'est en abrogeant, ou en promul-
guant quelques lois sur les impôts, le cens et
les capacités, en proclamant le peuple souverain par certaines paroles sacramentelles,
que vous prétendez, disciples trop fidèles des
Saint-Just et des Robespierre, guérir la fiè-
vre ardente qui dévore la société? C'est enfin
par l'établissement de la République qu'essayè-
rent jadis vos maîtres, que vous croyez pouvoir terminer la crise sociale? Hé bien ! vous
n'êtes pas, je vous en avertis, les médecins de
notre époque. Vous avez mal tâté le pouls du
siècle. Vous ne vous doutez pas du remède.
Vous ne connaissez pas la gravité de l'affec-
tion. Ce n'est pas seulement le système gouvernemental qui est vicieux ; c'est celui de la
société tout entière.

Celui qui n'aperçoit dans la révolution présente, et ne donne pour but au mouvement ra-

dical qui se prépare, qu'un détrônement de personnes et de principes particuliers, qu'une substitution de forme à une autre, est un niais qui ne voit pas le but de la Révolution et ne saurait prétendre en diriger le mouvement. Qu'il lui suffise de prendre son rang parmi les défenseurs de l'égalité, le jour où la lutte sera déclarée; car si sa clairvoyance est en défaut, son zèle pour la Révolution en fait encore un auxiliaire précieux.

Ce n'est pas la République, telle qu'on l'a comprise jusqu'ici, que réclame la génération présente. Cette République est impuissante et surannée. Son insuffisance est trop notoire, pour qu'on puisse y songer encore aujourd'hui. Et le politique qui parle d'Athènes, de Rome, de Venise, de la Suisse, des États-Unis ou de tout autre pays gouverné démocratiquement, et propose l'adoption d'un de leurs systèmes au moment actuel, n'en connaît pas les besoins. Il est au-dessous de la pensée qui domine tacitement le siècle. S'il existait un autre mot, pour désigner le gouvernement réformateur, et tout à fait nouveau qui se prépare, il faudrait laisser de côté celui de République, car ce n'est pas elle véritablement que demande l'actualité. Mais, à défaut de

terme qui comporte plus d'étendue, nous con-
sentirons à nommer ainsi la réorganisation prochaine, en expliquant toutefois les différences
essentielles qui doivent la caractériser.

Il est sans doute bien malheureux pour les
partisans stationnaires de la Montagne, qui ne
rêvent que l'accomplissement des efforts de 1789,
de se voir débordés, avant même que leur système ait pu recevoir d'application, mais il en est
pourtant ainsi. Les esprits une fois émancipés
ont marché plus vite que les événements, quoique ceux-ci d'ailleurs ne se soient pas fait attendre. Et quand l'époque de réaliser ce qui fut pendant un demi-siècle l'objet des vœux et des médi-
tations est arrivée il se trouve que ce désideratum
politique ne réunit point les conditions indispensables aux yeux d'une génération d'autant plus
exigeante qu'elle est plus hâtive ; si bien que si
cette République, dont l'espérance fait battre
tant de cœurs, venait à être établie, telle qu'elle
fut conçue d'abord, et même telle que le vul-
gaire la conçoit aujourd'hui, certainement il
faudrait la changer encore avant qu'il fût longtemps.

Par cela que la race humaine est progressive,
il ne lui faut pas de gouvernement arrêté. Les
époques doivent décider successivement de sa

forme. Mais s'il en était ainsi, dira-t-on sans doute, aucun système n'aurait donc de durée garantie, et le nouveau que vous paraissiez vouloir faire adopter, serait par conséquent tout à fait précaire lui-même. Oui certainement, il le serait. Mais, le jour où un autre viendrait le remplacer, serait un jour de progrès qu'il n'a pas été permis à mon esprit d'entrevoir ; et si alors j'assistais à cette réforme j'applaudirais le premier au renversement de ce que j'aurais édifié de mes propres mains, me consolant par cette idée : que chaque chose est neuve et utile en son temps.

Naissant sous l'influence inévitable de son siècle, et y demeurant soumis à son insu, pendant toute la durée de sa carrière, à moins toutefois qu'il ne se trouve heureusement classé dans les exceptions de privilége, et n'ait été doté par la nature de cette rare organisation du génie qui, lui donnant une existence en quelque sorte anticipée, précipite l'être présent dans les temps à venir, afin de lui en révéler les pensées dominantes et les besoins essentiels, l'homme en général ne saurait guère travailler que pour sa propre époque. Il ne devine point les générations postérieures, et ne songe pas dès lors à s'occuper d'elles dans ses œuvres.

Aussi, arrive-t-il constamment que **des** institutions qui furent sans contredit excellentes à leur origine, parce qu'elles furent appropriées aux exigences du moment, finissent en vieillissant non-seulement par ne plus rien valoir, mais par être nuisibles. Leur opportunité a cessé, et par cela même qu'elles ont autrefois convenu, elles sont insuffisantes et blessent maintenant. On a beau chercher à les modifier, à les corriger, à les replâtrer, à les travestir, le vice de leur âge apparaît toujours malgré les efforts, les précautions et les ruses. Il n'y a pas de fard qui puisse cacher les rides et les difformités. Les années se succèdent, les circonstances se remplacent, les esprits s'éclairent, les vœux changent de but, en un mot, les acteurs et les scènes se renouvellent sans cesse ; et nécessairement ce qui reste immuable au milieu de tant de mutations, doit choquer par le disparate. Il est bien entendu que je ne parle ici que d'institutions purement immatérielles.

Toutes les créations humaines de ce genre sont donc forcément temporaires. C'est une vérité inconstestable, et qui n'a rien d'étonnant d'ailleurs, car la race elle-même, comme je l'ai dit tout à l'heure en d'autres termes, est con-

trainte d'obéir à une loi de progrès, et d'abdi-
quer en conséquence ses mœurs et ses opinions
d'intervalle en intervalle, pour en prendre de
nouvelles.

Mais puisqu'il en est ainsi, puisque chaque
jour apporte une nuance d'amélioration générale, pourquoi voudrait-on que l'art de vivre
en société, qui devrait au moins autant que les
autres, autant que les sciences, devenir l'objet
de sérieuses études, et par suite s'avancer avec
une égale rapidité de perfectionnement, res-
tât néanmoins seul stationnaire, tandis que le
temps fait tout marcher et grandir? Pourquoi
voudrait-on qu'il fallût absolument se contenter
de vivre, d'après telle ou telle formule d'association, telle ou telle loi, tel ou tel pré-
jugé qu'adoptèrent jadis nos ancêtres, et
qn'on n'osât y retoucher, quoiqu'on, en con-
state à la fois l'absurdité et le danger, sans en-
courir la peine due au sacrilége? Une semblable prétention ne paraîtrait-elle pas inepte
et intéressée? Quelque sage et quelque bien
rédigé d'abord qu'on pût supposer un contrat
social, il ne saurait durer éternellement, pas
plus qu'autre chose de ce monde. Pour qu'il
fût bon à traverser ainsi les âges, et à régler
successivement le sort des générations, il fau-

drait, ou bien qu'il eût été conçu par des pro-
phètes, et eût alors sous leurs inspirations prévu
les changements à coup sûr incalculables que
devait et doit encore amener un avenir infini,
et peut-être sans cesse accidentel, ou bien au
contraire il faudrait admettre un invariable
statu quo, auquel certaines classes favorites ne
manqueraient pas sans doute d'applaudir, mais
dont le genre humain entier ne s'accommode-
rait pas. Or, l'une et l'autre hypothèse sont
également inadmissibles.

Toutes les sociétés sont certainement igno-
rantes à leur formation, si ce n'est de leurs
intérêts présents, du moins des intérêts futurs.
L'égoïsme du plus subtil s'y trouve souverain, et ce n'est que par la tardive introduction
des lumières dans les masses, que les idées de
véritable justice arrivent, et que celles de monopole, qui en tenaient lieu, sont forcées de recu-
ler chaque jour d'un pas, et de battre enfin
tout à fait en retraite.

C'est ce qui fait que notre pacte social, qui
fut ce qu'il devait être nécessairement dans le
principe, ne saurait nous convenir actuelle-
ment. Il fut formé de telle manière qu'il était
indispensable de voir arriver dans une époque
postérieure un temps d'arrêt, une espèce de dis-

solution momentanée, pendant laquelle on lui substituerait de nouvelles et meilleurs conditions d'alliance. Ce qui a fait encore que les malheureux des siècles passés se sont contentés de vivre sous des clauses dont l'iniquité nous révolte aujourd'hui, et qu'il paraît réservé à notre génération de changer, a été leur profonde ignorance que les privilégiés avaient grand soin d'entretenir. Ils souffraient, sans connaître les causes barbares et fratricides de leur infortune, dont ils n'étaient pas même capables de juger toute la hauteur. Et ce qui pousse les prolétaires du temps présent vers une révolution, ce sont leurs premiers rudiments d'instruction et la connaissance qu'ils commencent à avoir de leurs droits.

Voilà les hommes parvenus à la troisième étape sur le chemin infini de la civilisation! Il y a cinquante ans que l'ère de l'Égalité s'est ouverte devant eux, et qu'ils essaient d'y faire leurs premiers pas. Afin de pouvoir, pendant toute la durée de cette période, dont il n'est pas permis de poser la limite, vivre d'accord en cercle social, et accomplir les progrès inhérents à leur destinée, sans être réduits à employer ces secousses terribles auxquelles l'opposition constante des chefs et de leurs protégés les ont contraints jusqu'à présent toutes les fois qu'ils ont voulu tenter de faire un pas vers le mieux. Il faut d'absolue nécessité qu'ils refassent le pacte fondamental sous lequel ils ont vécu dans la période qui finit, et qui les gouverne encore à présent, quoiqu'il soit comme il devait l'être du reste, entièrement à l'avantage des privilégiés. Sans cela, les troubles et les désordres n'auront point de terme, et le renouvellement rapide des générations sera toujours marqué par le sang. Il faut qu'ils livrent promptement aux flammes cette charte prospectus insidieux de la monarchie, et retournent sans plus tarder à l'acte primitif d'association; car c'est là qu'il convient de porter la cognée. C'est un nouveau traité d'union qu'il s'agit de dicter; c'est un nouveau remaniement de société qu'il faut faire; en un mot, ce sont de nouvelles institutions qu'il est urgent d'élever. Il n'y a pas d'autre route à suivre, pour arriver au but généreux de l'Égalité sociale, s'il est toutefois bien certain qu'on ait cherché, et qu'on cherche encore à l'atteindre. Alors en effet changeront les préjugés, alors aussi les lois s'amélioreront d'elles-mêmes. Enfin, il faut que le nouveau pacte d'association soit approprié au temps qui

court et qui va suivre, c'est-à-dire qu'il repose
sur la base large et solide du principe d'Égalité. Car c'est l'Égalité, l'Égalité seule que réclame impérieusement l'époque. Mais elle la
veut positive, matérielle, et non factice et de
vains mots, comme celle que la peur a fait accorder aux masses, depuis qu'elles ont secoué
si violemment le joug, montré au grand soleil
la puissance de leurs bras formidables, et fait
voir qu'elles savaient au besoin tordre les
baïonnettes, briser les barreaux de fer, braver
et lancer le boulet, enfin renverser des trônes,
et pulvériser l'orgueil de la féodalité sous le
pavé des rues.

Or, il n'existe que trois moyens de rendre
vraiment positive cette Égalité, l'âme, la vie, le
palladium de la nouvelle période. Et, quelque
difficile qu'il semble de les mettre en pratique,
je suis moralement convaincu qu'on entrepren-
dra de le faire plus tard, si l'on s'y refuse maintenant. On va peut-être me traiter de Nostra-
damus politique, et rire de mes prédictions ;
mais, en supposant que l'égoïsme et l'adresse
de la minorité aristocratique qui règne aujour-
d'hui parviennent à rejeter dans un avenir
lointain l'accomplissement du nouveau système
que j'entrevois déjà comme établi, cet avenir

arrivera néanmoins j'en suis sûr, et prouvera
que mes pronotics n'étaient pas si ridicules.
Ces trois moyens sont, puisqu'il faut enfin les
dire : *l'Instruction, la Classification, la Non-
Hérédité*. Sans eux, point d'égalité sociale possible ! Sans eux, tous les nivellements seront
constamment trompeurs !

Je ne crois pas avoir besoin de m'attacher
à prouver ici que l'instruction est un agent
d'égalité. Chacun le conçoit aussi bien que
moi ; mais si cet agent est infaillible, en ce sens
qu'il place spontanément sur la même ligne les
individus, quels qu'ils soient, pourvu qu'il
se trouve chez eux une parité plus ou moins
parfaite dans les qualités intellectuelles, c'est-
à-dire un certain degré de culture convenu,
il est en revanche insuffisant sous ce rapport
qu'il ne peut anéantir les préjugés, et qu'un
homme, quelque éclairé qu'il soit d'ailleurs,
ne passe point aux yeux du monde pour l'égal
d'un autre, s'il n'a des ressources pécuniaires
équivalentes. La considération découle toute
de l'Hôtel des Monnaies. Par conséquent, si
elle était employée comme seul agent d'Égalité,
l'instruction ne saurait en amener une entière
et parfaite, telle qu'il la faut aux circonstances
présentes. Elle concourrait pour un tiers à son

établissement : voilà tout ! impossible à elle de le compléter ! L'instruction, en un mot, est le premier moyen d'égalité, mais elle n'est pas l'unique. Ainsi, par cela seul qu'elle contribue à l'assurer, et que même elle lui est indispensable, il faut se hâter de la proclamer loi organique. Qu'on ouvre sur tous les points des écoles gratuites, où l'on donnera d'abord une instruction commune, et puis des connaissances graduées et relatives, dans le but de faire immédiatement des spécialités ! Que chacun soit obligé, quels que soient son état et sa fortune, d'y conduire ses enfants ! Et à la prochaine génération, sans qu'il faille attendre plus longtemps, il y aura déjà parmi les hommes des rapports suffisants d'intelligence, pour qu'on puisse considérer un des trois principes constitutifs de l'égalité comme établi.

Le second agent, qui lui est aussi rigoureusement nécessaire que celui dont nous venons de parler, car elle ne saurait avoir une vie réelle, si l'un des trois venait à lui faillir, est celui de la classification. Je m'explique.

Selon moi, tant qu'on n'abolira point ces séparations étranges et dégradantes des masses qu'éleva jadis la morgue féodale, et qu'un orgueil absurde et pour ainsi dire de routine a

maintenues jusqu'à nous, les hommes ne pourront avoir qu'une Égalité menteuse. Qu'elles
soient effacées, s'écriera-t-on encore de toutes
parts, comme on l'a fait depuis un demi-siècle !
Très-bien ! Mais ce n'est pas en se contentant
de proclamer, avec plus ou moins de véhé-
mence, qu'il faut que cet ordre inconcevable
soit détruit, qu'on parvieudra jamais à le détruire, ni à lui porter une atteinte sérieuse.
C'est en passant immédiatement à l'exécution
matérielle. Quand je dis immédiatement, on
conçoit ma pensée. Je me suppose arrivé à des
jours plus chauds que ceux où nous vivons.
C'est leur prochaine venue qui m'a mis dans
l'erreur, et m'a fait employer ce terme d'ana-
chronisme.

Il ne saurait exister entre les individus d'autre ligne de démarcation que celle qu'ils tirent
d'eux-mêmes par le développement et l'emploi
de leurs qualités personnelles. Le mérite ne
doit résider ni dans le sang, puisque les veines
de tous les hommes sont gonflées du même, ni
dans l'argent, puisque le plus riche aujourd'hui
peut être le plus pauvre demain, ni dans les
fonctions administratives, puisqu'en détruisant
l'intrigue, c'est-à-dire en fondant un meilleur
système de gouvernement, chacun y pourrait

aspirer et parvenir avec de l'aptitude. Il repose tout entier dans le plus ou moins de services rendus au corps social, par conséquent dans l'usage de l'industrie particulière. Celui-là est environné d'une plus grande auréole de mèrite qui, en travaillant à son bien-être privé, contribue davantage au bien-être général.

C'est donc par catégories d'industrie qu'il convient de classer les populations, et non par étages de noblesse, de dignités ou de fortune. Le laboureur qui produit doit avoir plus de prix et de considération dans la société, que le millionnaire par héritage, dont la seule occupation est la vie, et le seul travail la consommation.

Au lieu de considérer les associations comme mortelles, ou tout au moins comme préjudiciables à l'ordre et au repos publics, ainsi que le font aujourd'hui les hommes installés au pouvoir, il faut au contraire les prescrire et les envisager comme des moyens tout-puissants de paix et de sécurité. Bien loin de prohiber les coalitions d'ouvriers, de quelque classe qu'ils soient, et d'en prendre peur, on doit ordonner aux travailleurs de tous les états de s'organiser ainsi par corps respectifs. Le bonheur et la confiance de tous seront précisément garantis par ce nouveau mode de discipline. Possédant chacune leur genre d'industrie, et chaque genre d'industrie ayant son importance relative, la considération doit environner toutes les classes. La paresse seule est à flétrir. Si dans une société bien organisée chacun peut absolument vivre sans travail, nul autre que l'infirme n'a droit de le faire. S'il y a des distances inévitables d'une profession à une autre, comme personne n'est forcé dans le choix de la sienne, il faut admettre que ces distances, de peu d'intérèt du reste aussitôt que les préjugés sont écartés, proviennent de l'inégalité des capacités, que nous ne prétendons point combler, par cela que nous voulons donner à tous des moyens communs d'instruction. De même que, si dans le sein des corporations respectives, il y a des individus qui veuillent porter leur tête au-dessus des autres, ils ne pourront se grandir que par leurs talents, puisqu'ils auront tous les pieds posés sur le même sol. Et l'élan de la pensée ou le fini de l'œuvre n'ont jamais été jugés des moyens illégitimes d'élévation. Au contraire les distinctions de cette nature ne sauraient être trop encouragées. De tels mobiles d'ambition sont plus que licites : la loi bienfaisante du perfectionnement humain les commande.

Quand les masses seront divisées ainsi par corporations respectives, depuis le laboureur jusques au ministre, il faudra procéder à leur dénombrement, dans tous les arrondissements de France, afin que le chiffre des candidats que chacune devra fournir, comme représentants directs de ses intérêts, soit arrêté d'une manière juste, c'est-à-dire proportionnelle. Les catégories qui ne seront pas assez nombreuses pour avoir de députés s'adjoindront à celles qui auront le plus de rapport d'état avec elles. Un tableau statistique indiquera d'ailleurs à chacun le nombre des candidats qu'il devra porter, et son classement particulier dans les élections. Celles-ci auront lieu dans la forme suivante :

Tous les individus faisant partie d'une même corporation, ou adjoints à une autre pour le motif indiqué plus haut, s'assembleront au jour fixé dans leur commune, afin de don er leur vote à un ou plusieurs membres de leurs corporations respectives, ou de celles auxquelles ils auront été adjoints, car ils seront tenus de ne choisir que dans celles-là. Les votes terminés, les présidents communaux en feront le recensement, le publieront, et en remettront la liste aux directoires d'arrondissement. Ceux-ci feront le recensement total des arrondissements respectifs, le rendront public, et en remettront à leur tour la liste au membre du pouvoir législatif chargé des suffrages. Enfin ce dernier présentera le recensement général à l'assemblée nationale ; et ceux-là seront proclamés députés qui auront obtenu plus de voix de leurs corporations, proportionnellement au nombre des membres dont elles seront composées. De sorte que s'il faut, par exemple, dix députés dans une corporation, ce seront les dix candidats qui auront proportionnellement et successivement obtenu le plus de suffrages, dans toute l'étendue de la France, qui seront proclamés.

Je sais bien qu'on ne manquera pas de s'élever contre ce nouveau mode d'élections, et d'alléguer à la fois l'ignorance des représentants, leur nombre prodigieux et l'intérêt respectif des catégories. Mais il ne me sera pas difficile de répondre à ces diverses objections. Je regretterai seulement de ne pouvoir le faire avec plus d'étendue dans un ouvrage qui, par sa destination, doit être de courte haleine.

D'abord, il est plus que probable que les corporations auront soin d'élire leurs capacités les plus distinguées ; et celles-ci seront toujours assez intelligentes pour comprendre les intérêts qu'elles auront été appelées à protéger. A coup sûr, les nouveaux représentants seront plus instruits sous ce rapport, et par conséquent mieux à leur place que la plupart de nos satisfaits d'aujourd'hui, dont toute la science, en fait d'économie politique, se borne à l'exploitation du budget, à la défense de leurs sinécures, et à l'appréciation d'un dîner ministériel. Si les nouveaux élus n'ont pas d'ailleurs l'instruction convenable, dès leur entrée dans la carrière, ne seront-ils pas en face des collègues nommés par les corporations éclairées, et ne pourront-ils pas s'aider de leurs lumières ? Ceux-ci se feront sans doute un plaisir de les assister dans les cas épineux ; et en supposant qu'ils s'y refusassent dès le principe, soit par un reste d'orgueil, soit par tout autre motif, leurs intérêts négligés, ou peut-être compromis, les y forceraient bien par la suite. Prévenus enfin que leurs enfants pourront un jour être appelés à remplir le même rôle qu'eux, ces représentants veilleront avec sollicitude à leur éducation, alors surtout que cette dernière sera déclarée gratuite.

Quant à l'inconvénient du nombre, je me contenterai de dire, pour l'écarter promptement, que fussent-ils trois mille, payés cinq mille francs, par an, chacun, le total de leurs dépenses n'atteindrait pas à la moitié de la liste civile.

Enfin, pour ce qui est de l'intérêt respectif des corporations, je demanderai si les meilleures lois ne sont pas celles qui protégent le plus les intérêts particuliers, et si quelqu'un au monde est susceptible de mieux connaître ceux de chaque corporation que les membres qui leur appartiennent? On peut être assuré d'avance que toutes celles qui sortiront des mains de ces derniers, non-seulement seront à l'avantage de leurs mandataires, mais qu'en outre elles se trouveront justes et d'accord avec les intérêts de la société tout entière, puisque les représentants des autres catégories en auront fait l'adoption. Dans la certitude réciproque où ils seront d'avoir été réellement choisis par la volonté libre de leurs corporations, et non par telle ou telle intrigue, et que par conséquent chaque collègue doit être homme de mérite et de bonne foi, ils appelleront la confiance à leurs assemblées. La crainte des deceptions, des fourberies, des colères, des vengeances, en un mot, de tout l'attirail dont se fait suivre l'agiotage ministériel, disparaîtra de leurs comités, et la raison et le sens, c'est-à-dire l'indépendance, prendront la place de la ruse, de l'astuce, du mensonge et de la nullité qui siégent aujourd'hui.

Puis j'ajouterai que, par ce nouveau système, la Nation entière, et non une fraction favorisée, étant vraiment représentée, puisque chacune des catégories dont se compose son ensemble nommera ses députés particuliers, pourra se considérer alors comme positivement souveraine. En outre, la corruption, si habile à se glisser partout, ne saura sous un semblable mode, trouver ni instrument ni objet. Les votants étant contraints de choisir tous leurs candidats dans leurs propres corporations, ne jetteront les yeux que sur des égaux. Chacun se trouvant rival, sera par cela même incorruptible; et les disproportions de fortune devenues fort rares, ainsi qu'on le verra bientôt, il n'existera guère d'autre moyen de captation que celui de la supériorité de talent, de la prééminence de mérite.

Nous voici parvenus enfin au dernier agent de l'Égalité sociale, qui certainement rencontrera plus d'opposition encore que les autres. Je n'ignore pas combien de haines, en osant aborder une question d'intérêt si majeur, je vais soulever contre moi; mais l'idée consolatrice que c'est pour le bonheur des masses que je travaille, me donnera le courage de braver la colère du petit nombre des heureux que la société renferme, en poursuivant avec franchise ma mission difficile et bienveillante.

Déjà quelques atteintes, plus ou moins directes, ont été portées à l'hérédité ; et lorsqu'en 1831 particulièrement celle de la pairie reçut son coup de grâce, toutes les autres en furent ébranlées. En laissant subsister le droit de succession à la couronne, ainsi que celui de famille, on commit une de ces anomalies qui prouvent ou que l'esprit humain est trop borné pour pouvoir embrasser à la fois toutes les conséquences, ou que s'il a la faculté de les apercevoir de loin, il n'ose les aborder que graduellement.

En effet, la couronne et la fortune ne sont pas des objets qui puissent être plus légitimement transmis par l'hérédité que le titre et le manteau de pair ; la couronne surtout qui n'appartient pas à celui qui la donne. Ou bien il fallait abolir toutes les sortes de successions, ou bien il fallait les épargner toutes ; c'eût été plus rationnel. Quant à moi, si l'option m'avait été offerte, j'aurais embrassé sans scrupule la première de ces deux hypothèses ; et je n'hésite-

rai pas à faire connaître les raisons sur les-
quelles j'appuie mon sentiment particulier à cet
égard.

Toutes les fois que la nature opère une organisation, elle contracte l'engagement solennel
de lui donner les moyens de se maintenir pendant toute la durée de temps qu'elle se propose
de lui accorder, car on ne saurait placer la des-
truction immédiatement après la production.
Outre que l'expérience est là, pour répondre à
ce singulier paradoxe, dans le cas où l'on ose-
rait le hasarder, comment le sophiste parvien-
drait-il à expliquer le travail, la peine et le
temps consacrés à la fabrication de l'œuvre,
si elle était destinée à l'anéantissement sitôt
après sa formation ? Tous les soins antérieurs
seraient donc inutiles et perdus ? La nature
semblerait vouloir se borner à un remaniement
perpétuel de la matière, sans jamais lui accorder une véritable existence, et ce serait pro-
bablement contre son vœu qu'après avoir reçu
d'elle notre organisation, nous serions parvenus à la maintenir. Au lieu d'exécuter ses
volontés conservatrices, nous n'aurions fait,
en nous attachant à la vie, qu'échapper acci-
dentellement à ses coups. La supposition est
vraiment absurde.

L'homme, par cela seul qu'il est né sur la terre, et qu'il lui est impossible d'en sortir pour aller se procurer ailleurs tout ce que nécessite son existence, a le droit de se considérer comme propriétaire du sol et de tout ce qu'il rapporte : c'est ce sol qui a été chargé du soin de tenir les engagements de la nature envers toutes ses créations. Mais ce droit de propriété, incontestable pendant la vie, ne peut pas raisonnablement s'étendre au-delà de cette dernière. Si d'un côté l'homme est maître durant sa carrière de disposer à son gré de la part qu'il exploite, d'un autre la terre se prête à lui pour un temps donné, et ne se vend pas pour toujours. N'est-il pas ridicule et pitoyable tout ensemble de voir un être entièrement à la disposition de cette terre, soit avant sa naissance, soit pendant sa vie, soit après sa mort, car c'est elle qui le fait éclore, qui l'alimente et l'entretient, et qui lui retire ensuite ses substances élémentaires, quand il lui plaît, s'arroger néanmoins l'orgueilleux pouvoir de disposer au contraire d'elle-même, après être rentré dans son sein ? Ne devrait-il pas, s'il n'était aveuglé sur sa petitesse et la bouffonnerie de ses prétentions, s'en reconnaître bien plutôt le fermier que le propriétaire ? Quelle injustice d'ail-

leurs ne fait pas commettre à cette terre
nourricière l'individu qui, sans s'inquiéter de
son consentement, la livre ainsi en despote aux
objets survivants de ses affections ! Il la contraint au privilége, à traiter les uns mieux que
les autres, à faire des favoris, à jouer enfin le
rôle de marâtre, elle qui est la mère commune,
et doit dispenser également ses faveurs !

Ainsi donc, l'homme qui arrive à la vie porte
un brevet d'exploitation avec son extrait de
naissance. Il le fait valoir, tout le temps qu'il
lui est permis de conserver cette vie. Mais,
n'est-il pas absurde de vouloir qu'il puisse,
lorsqu'il meurt, donner ce qui ne lui appartient
pas d'abord, et puis le donner à un être aussi
fragile que lui, qui se trouvant tout à fait à la
merci de l'objet qu'on lui lègue, expire quel-
quefois par ordre de la nature aussitôt après
le testateur? Non encore un coup, l'homme
n'a pas plus le pouvoir de transmettre, à l'heure
de son décès, les droits provisoires que la terre
lui donna sur elle pendant sa vie, qu'il n'a celui
de disposer de ses avantages physiques ou de
ses facultés morales avant sa désorganisation,
c'est-à-dire de donner son souffle, son âme,
son esprit, son corps, sa vie, qui sans contredit étaient cependant ses propriétés les moins

contestables. Toutes ces choses lui sont prêtées momentanément. Il est libre d'en jouir tant que dure son existence, comme aussi de faire usage de tout ce qui peut aider et améliorer cette dernière ; mais avec lui expirent tous ses droits. La terre alors a rempli ses engagements. Elle ne lui doit plus rien ; au contraire, elle revendique ses frais, et s'empare des dépouilles qui restent comme compensation.

Vous parlez constamment de la terre, me dira-t-on, comme s'il n'existait pas des propriétés d'une autre nature, et qu'elle fût le seul legs à faire. Cependant la fortune réside très-souvent ailleurs que dans le sol, et les immeubles qu'il supporte. Combien d'objets différents de richesse ne produit pas l'industrie humaine !

Oui sans doute, c'est toujours de la terre que je m'occupe ; et c'est pour m'éviter la peine d'entrer dans d'innombrables et inutiles détails. N'est-ce pas elle en effet qui est le principe de tout ? Et saurait-on traiter de l'entier, sans traiter en même temps de ses diverses parties ? Si les sciences, les arts et les métiers ont la pensée pour moteur commun, leurs résultats palpables peuvent-ils jamais provenir d'autre part que du sol ? N'est-ce pas là l'immense et inépuisable arsenal où chacun trouve et exploite la matière de son choix ? Encore une fois, tout, absolument tout, depuis la pierre et le brin d'herbe, jusques à l'homme inclusivement, vient de la terre, lui appartient, et s'en retourne à elle, après avoir rempli une sorte d'existence isolée plus ou moins étendue. Or, pour que l'homme, qui se trouve dépendant de cette éternelle transformation, eût le droit de disposer de quelque chose à sa mort, ne faudrait-il pas qu'il en fût véritablement propriétaire ? Et comment saurait-il posséder un objet quelconque qui ne dût son origine à la terre ? On en serait réduit à supposer qu'il le tient de quelque autre planète.

Mais, en voulant détruire le droit si antique de l'hérédité, vous ne songez donc pas, s'écriera-t-on de tous les points, aux conséquences terribles d'un pareil acte. Vous ne réfléchissez pas qu'avec lui disparaîtront à l'instant l'activité et l'émulation de l'homme, et que surtout vous anéantirez le sentiment sublime de la paternité. D'ailleurs, quel moyen indiquerez-vous, pour faire que ce soient bien les masses, c'est-à-dire la généralité, qui profitent de ce vaste et désespérant sacrifice ?

Il est dommage que je ne puisse pas réfuter

4

ici ces graves objections, avec autant d'étendue qu'elles le mériteraient ; mais enfin j'y reviendrai plus tard, et pour le présent je répondrai d'abord à la première que chacun, devant avoir son existence et son éducation strictement garanties, mais étant libre d'augmenter indéfiniment son bien-être, pourra et devra recourir au travail, afin d'y parvenir. Et que, pour retirer plus de profit de ce dernier, il faudra nécessairement qu'il s'évertue à le distinguer par le fini de l'exécution.

Combattant la seconde en aussi peu de mots, je dirai simplement que le sentiment de la paternité, restreint à se manifester pendant la vie seulement, n'en sera que beaucoup plus vif ; que l'intérêt des vivants, toute idée de piété, quelque louable qu'elle soit d'ailleurs, mise à part, doit l'emporter sur la volonté despotique des morts ; et qu'enfin, si quelques pères expirent avec la douleur de ne point laisser du superflu à leurs enfants, des millions d'autres trépassent avec le désespoir de ne pas laisser le nécessaire aux leurs.

Quant à la troisième difficulté, voici comment je veux la supprimer.

Qu'on institue dans chaque arrondissement une *caisse éternelle*, où viendront s'engloutir les biens de tous les morts? Qu'on évalue, de la manière la plus exacte, les frais de nourriture, d'entretien et d'éducation de chaque vivant, selon ses différents âges ! et que cette caisse soit chargée d'y pourvoir ! Que ce soit d'elle seule qu'on ait droit d'acheter les immeubles ! Que ce soit à elle seule qu'on ait droit de les vendre ! Ainsi, les fortunes seront presqu'entièrement égalisées à la prochaine génération, et pourront, à peu de chose près, garder constamment leur niveau ; car chacun étant obligé de construire la sienne, ne la recevant pas toute prête des mains de ses pères, il paraîtra bien peu de capitalistes aussi monstrueuseusement riches que ceux d'aujourd'hui, en supposant qu'il en paraisse. L'entassement des biens ne sera possible que pendant la vie ; et cette dernière, par sa courte durée, ne permettra guère de dépasser une certaine mesure. La partie propriétaire de la génération présente ne saurait du reste se plaindre pour elle-même, puisqu'elle continuera de jouir jusqu'à parfaite extinction ; et la partie prolétaire recevra ainsi de prompts soulagements, puisque chaque décès contribuera à combler l'abîme de sa misère.

Voilà ma tâche accomplie ! voilà la réforme

qui me semble indispensable aux moments où nous sommes ! Enfin, voilà les moyens que je crois les seuls capables de l'opérer ! mon système, sur lequel on conçoit qu'il m'est impossible de donner ici plus qu'un simple aperçu, repose tout entier, comme on voit, sur une Égalité sociale non fictive, mais matérielle.

A présent que mes principes ont été exposés et que par conséquent chacun sait ce que je veux entendre par le mot République, venons au Catéchisme où sera développée l'organisation de ce futur gouvernement !

FIN DU SYSTÈME

RÉFORME SOCIALE

OU

CATÉCHISME DU PROLÉTAIRE

CHAPITRE PREMIER

DE L'HOMME

D. Qu'est-ce que l'Homme ?

R. C'est le premier des êtres organisés connus.

D. Pourquoi dites-vous le *premier* ?

R. Par ce qu'il a sur tous les autres des avantages incontestables.

D. Quels sont ces avantages ?

R. La Pensée, la Parole et l'Industrie.

D. Qu'est-ce que la pensée ?

R. C'est l'opération de la substance intelligente, le moteur caché de toutes les actions.

D. En quoi la pensée est-elle utile à l'homme ?

R. Elle lui est utile en ce que, pouvant avec

son aide poser des principes et tirer des conséquences, il est à même de profiter des exemples
du passé, pour améliorer son présent et prépa-
rer son avenir. (Afin de ne pas entrer dans des
détails métaphysiques qui exigeraient de trop
longs développements, j'ai compris dans le
mot *Pensée*, la raison, la volonté, la mémoire,
le jugement, en un mot toutes les propriétés
distinctes de l'esprit humain, qui composent le
domaine de l'Idéologie.)

D. La pensée doit-elle être libre ?

R. Non seulement la pensée doit être libre,
puisqu'elle est la première et la plus belle pré-
rogative de la race humaine, mais il y a aussi
une raison suffisante pour que son indépendance soit essentiellement absolue. La pensée
est insaisissable, et, quelle qu'elle soit, peut
vivre seule sans manifestation, sans aucune espèce d'interprète. Il n'existe pas de moyen
de contraindre l'homme à penser de telle ou
telle manière ; et il n'y a que la mort qui puisse
l'empêcher de penser de telle ou telle autre.
« Maître du monde, tu peux m'ordonner de
« mourir, mais non de t'estimer », disait le
vieillard Apollonius à Commode, fils de l'empereur Marc-Aurèle. C'est précisément parce
que la pensée est indestructible, et peut se

propager en secret, qu'elle finit par triompher tôt ou tard, malgré toutes les menaces dont on l'environne. Faible d'abord, car elle est seule, elle se fortifie bientôt par la communication, et devient à la fin toute puissante, quand elle est passée dans l'esprit de la majorité.

D. Qu'est-ce que la parole ?

R. C'est la traduction plus ou moins fidèle de la pensée ; c'est le moyen le plus rapide de communication, pour les intelligences individuelles. (Je comprends encore dans cette définition l'écriture ou la presse, la pantomime et la musique, qui sont trois autres modes de rapports qu'ont inventés les hommes.)

D. La parole, ou tout autre traduction de la pensée, doit-elle être libre, comme cette dernière ?

R. Oui, sans doute, la parole et tous les autres traducteurs de la pensée doivent être complétement libres. Vouloir bâillonner l'homme, c'est vouloir lui ravir une des facultés qu'il a reçues en venant au jour, comme provisions de son voyage terrestre ; et son être n'étant qu'un composé de ces facultés, c'est vouloir attaquer son organisation elle-même, c'est-à-dire sa vie ; car en définitive, c'est vouloir l'empêcher d'être entièrement homme. Il ne serait pas plus absurde de prétendre l'empêcher de manger, de voir, d'entendre, de se mouvoir. Puisque la nature a indiqué aux hommes, en leur accordant la parole, qu'elle désirait les voir établir communication entre eux, tout ce qui aide à les rapprocher, et à mettre leurs idées en coïncidence, est bien, et doit être respecté, comme secondant les vues de la puissance créatrice.

D. Qu'est-ce que l'industrie, et en quoi peut-elle servir à l'homme ?

R. C'est le résultat de sa faiblesse. Quand l'exécution de ses volontés exige des forces supérieures aux siennes, l'homme en emprunte à des objets étrangers ; il agit mieux encore, il va jusqu'à leur en procurer, pour se les approprier ensuite, ou les mettre en jeu à son profit ; et c'est ainsi qu'il vient à bout de faire servir même la matière morte à l'accomplissement de ses vœux. L'industrie vaut plus que la force. Aucun obstacle ne peut résister à ces deux puissances réunies.

D. Y a-t-il plusieurs races d'hommes?

R. Oui. On compte trois races principales, et trois demi-races.

D. Quelles sont les trois races principales?

R. La Blanche ou Caucasique, la Jaune

ou Mongolique, la Nègre ou Ethiopique.

D. Quels sont les caractères de la race blanche ou caucasique ?

R. La peau blanche, les cheveux longs, la tête ovale, l'angle facial ouvert de 80 à 90 degrés.

D. Quels sont les caractères de la race jaune ou mongolique ?

R. Le teint jaunâtre, les cheveux noirs et raides, le visage plat, les pommettes des joues bien saillantes, les yeux étroits et obliques, la barbe grêle et l'angle facial ouvert de 80 à 85 degrés.

D. Quels sont les caractères de la race nègre ou éthiopique ?

R. La couleur noire, le front plat, les cheveux noirs et crépus ou laineux, le nez large et épaté, les lèvres gonflées, les joues proéminentes et l'angle facial ouvert de 70 à 75 degrés seulement.

D. Quelles sont les demi-races ?

R. La Malaise, la Polynésienne et l'Américaine.

D. Quels sont les caractères distinctifs de ces demi-races ?

B. Elles n'en ont pas de suffisants pour qu'on puisse les assigner, mais elles ne peuvent pas être rattachées nettement aux races principales. Un teint basané ou rouge-cuivré les distingue.

D. D'où ces races et ces demi-races tirent-elles leurs noms?

R. Des contrées où elles naissent ?

D. Les hommes, quoique divisés par races, sont-ils frères?

R. Oui, sans contredit; car les différences qui existent entr'eux proviennent des influences accidentelles du climat, de la nourriture et de l'éducation. Mais ils ont tous la terre pour mère, pour nourrice, pour berceau, pour habitation et pour tombe.

D. Quels sont les devoirs de la fraternité?

R. La charité et l'exclusion de toute distinction de rang.

D. Comment appelle-t-on l'état dans lequel naît l'homme?

R. État sauvage et barbare.

D. Qu'entendez-vous par état sauvage et barbare?

R. Celui où vivant seulement en famille, comme les autres animaux, privé de l'expérience du passé, et sans prévoyance de l'avenir, l'homme n'agit que d'après les affections présentes de sa nature. L'homme sauvage est le parfait égoïste.

D. L'homme est-il libre dans l'état sauvage?

R. Non, il est au contraire le plus esclave des êtres, car sa vie dépend de tout ce qui l'entoure. Il est tyrannisé par chacun de ses besoins. Ne pouvant ni manger quand il a faim, ni se reposer quand il est las, ni se réchauffer quand il a froid, il est à la fois le jouet de ses propres affections, des intempéries de l'air, et des animaux qui lui disputent l'existence, et auxquels il ressemble. En un mot, il court risque de périr à chaque instant.

D. Qu'est-ce qui a retiré l'homme de l'état sauvage?

R. Son instinct pour la société, l'amour de soi ou le désir du bien-être, et l'aversion de la douleur.

D. Qu'entendez-vous par instinct de société?

R. J'entends ce sentiment qui, non-seulement porte les sexes à se réunir, mais qui attire encore l'homme vers son semblable.

D. Qu'entendez-vous par amour de soi ou désir du bien-être?

R. J'entends ce sentiment qui porte l'homme et l'attire vers tout ce qui peut flatter son moral ou son physique, ou en d'autres termes vers tout ce qui tend à conserver et à développer progressivement son existence. C'est par ce sentiment qu'il se préfère à autrui. Enfin, l'amour de soi n'est autre chose que l'égoïsme.

D. Qu'entendez-vous par aversion de la douleur ?

R. J'entends ce sentiment qui avertit l'homme de fuir tout ce qui pourrait le blesser ou le détruire, et qui lui fait chercher tous les moyens de s'en préserver. C'est la prévoyance.

D. L'homme est-il né perfectible ?

R. L'histoire de ce qu'il a été, et le tableau de ce qu'il est, prouvent assez que sa destinée est progressive.

CHAPITRE II

DES DROITS NATURELS DE L'HOMME, CONSIDÉRÉ COMME HOMME ET COMME CITOYEN

D. Qu'entendez-vous par droits naturels de l'homme ?

R. J'entends ces droits que l'homme a reçus en naissant, qui ne peuvent jamais lui être ravis, qu'il n'est pas non plus le maître d'aliéner, sans contrarier le vœu de la nature, et qui consistent dans le libre exercice des diverses facultés dont cette dernière a doté son être, afin qu'il pût veiller lui-même à sa conservation, et améliorer son sort.

D. Quels sont les droits naturels de l'homme ?

R. Le droit à l'existence, la sûreté personnelle, la résistance à l'oppression, la liberté, l'égalité, la propriété, l'éducation, la retraite et la révolte.

D. Qu'entendez-vous par droit à l'existence ?

R. J'entends ce droit que possède chaque individu de soutenir une vie qu'il n'a pu ni demander, ni refuser. Par cela seul qu'il est né, il est autorisé à vivre. Si l'homme ignore la raison pour laquelle il vit, du moins est-il bien assuré que c'est pour vivre qu'il est né. Il ne saurait interpréter différemment sa création. Quel autre but plus certain pourrait-il lui donner? Il est venu à l'existence, pour exister ; c'est une chose incontestable. La vie est la première loi à laquelle il est soumis, comme la mort la dernière. Or, puisque la vie est une loi pour lui, il doit s'y soumettre ; et tous les moyens, pour cela, lui doivent être bons. Il lui est commandé de conserver ses jours, à quelque prix que ce soit; et ni difficultés, ni embarras, ni entraves, ni misère ne doivent le décourager, et le porter au désespoir. Le suicide lui est défendu. Cet acte violent est une désobéissance à la loi de la vie. La même fatalité qui l'a fait naître à telle époque, s'est chargée du soin de le faire mourir à telle autre. En se donnant la mort, l'homme arrête donc sa destinée ; il la tronque, et fait avorter en même temps les projets de la puissance créatrice, qui ne voulait opérer que plus tard sa désorganisation. Il manque à la nature sa mère ; il fait plus, il la calomnie. Il l'accuse de lui avoir donné l'être, sans lui avoir laissé les moyens de l'entretenir. Or, trouve-t-on nulle part sur la terre l'exemple d'une pareille monstruosité ? Vît-on jamais la plante ou l'animal, qui naissent par ordre direct de la nature mourir faute d'aliments ? Non sans doute, tout ce qui a reçu l'existence est environné des objets nécessaires à sa conservation : la faim n'est pas l'agent que la nature emploie pour détruire.

Mais, en adoptant un semblable principe, dira-t-on sans doute, l'homme qui fait partie d'une société, qui n'a aucune ressource acquise, qui manque d'industrie ou de travail, et qui refuse de recourir à la charité de ses co-sociétaires, serait donc autorisé à devenir voleur ? A cette interrogation il faut répondre par une autre : pourquoi y a-t-il dans les sociétés des hommes qui ne possèdent rien, qui n'ont pas un genre quelconque d'industrie, ou qui, s'ils en ont un, manquent des moyens de l'exercer ? Le vol ne pourrait pas se concevoir dans un corps social bien organisé, c'est-à-dire dont chaque membre aurait son existence garantie. Le crime se trouverait détruit d'avance, par cela même qu'il ne serait pas nécessaire ; et c'est toujours aux mauvaises législations qu'on doit s'en prendre des souillures de la race humaine. Ce n'est pas contre la loi de la nature qui commande à chaque individu de garder en dépit de tous les obstacles la vie qu'elle lui a confiée, qu'il faut s'élever. Les décrets de la nature sont d'ailleurs immuables ; il n'est pas au pouvoir de faibles mortels de les changer. Ce sont les lois sociales qu'il s'agit de refaire, si elles ne s'accordent pas avec ces derniers, qui doivent toujours leur servir de base.

D. Qu'entendez-vous par sûreté personnelle ?

R. J'entends la garantie contre les agressions du plus fort. Si l'homme est né dans une société, que les membres de cette société qui vivaient avant lui, ou qui ont été doués de plus de talents, ou qui possèdent plus d'adresse, se sont tout approprié, et veulent, par cela même qu'ils tiennent tout en leurs mains, le maîtriser à leur caprice, et lui faire une part insuffisante à l'existence pour enrichir la leur, cet homme est autorisé à recourir à la force contre un pareil ordre de choses, afin d'assurer sa vie. En se révoltant, il ne fait qu'user du droit de légitime défense.

D. Qu'entendez-vous par résistance à l'oppression ?

R. Une opposition morale ou matérielle à la volonté du plus fort. L'homme ne doit obéissance à une loi que lorsqu'il a concouru à la faire, ou qu'il l'a acceptée librement. Elle n'est sacrée pour lui que dans l'une de ces deux hypothèses.

D. Qu'entendez-vous par liberté ?

R. Le droit de faire tout ce qui ne nuit pas à autrui. Dans le sens le plus absolu, le mot liberté signifie affranchissement de toute espèce de lois ; mais dans le sens social il signifie seulement le droit d'exécuter toutes ses volontés, limité par le droit d'autrui. Dans ce second cas, ce mot semblerait impropre, car qu'est-ce qu'une liberté qui est restreinte ? Pour exprimer la liberté sociale, le mot égalité paraît beaucoup plus convenable.

D. Qu'entendez-vous par égalité ?

R. J'entends l'absence de toute espèce de priviléges. Ne pouvant exister par rapport aux ver-
tus, aux talents et aux fortunes, l'égalité doit
exister quant aux moyens de les acquérir.

D. Qu'entendez-vous par propriété ?

R. Le droit d'occuper, de posséder, d'acquérir et de disposer pendant la vie. Comme
le terrain qu'occupe une société est circonscrit,
et que le nombre de ses membres venant à
augmenter chaque jour, il finit en conséquence
par être entièrement envahi, il arrive indispen-
sablement que l'homme qui naît au sein de
cette société, après la parfaite occupation, ne
peut avoir sa portion du sol. Alors, c'est à ceux
qui le possèdent, et qui, pour se conserver leur
propriété intacte, ne veulent pas faire un nouveau partage, et se refusent à donner au dernier
venu, ce qu'il aurait pourtant droit d'exiger en
nature, à trouver le moyen de faire vivre ce
nouveau frère, de telle façon qu'il soit content
de son sort, quoique n'ayant pas de propriété
comme les autres. (Voyez à la page 56, *Système*,
la *Non-Hérédité*.)

D. Qu'entendez-vous par droit d'éducation ?

R. J'entends par droit d'éducation celui que
possède tout homme qui naît dans une société,
d'exiger qu'on le mette au niveau de cette

société, et qu'on le rende capable d'y vivre le plus heureux possible, au moyen de son travail.

D. Qu'entendez-vous par droit de retraite ?

R. J'entends par droit de retraite celui que possède tout homme qui est né dans une société, d'en sortir, si les lois qui la régissent ne lui conviennent pas.

D. Qu'entendez-vous par droit de révolte ?

R. J'entends par droit de révolte celui que possède tout homme qui est né dans une société, de travailler au renversement de l'ordre qui y règne : 1° lorsque, mécontent des lois qui la régissent, qu'il réprouve, et à la fabrication desquelles il fut étranger, il est néanmoins contraint de leur obéir, parce qu'il n'a pas le pouvoir de sortir de son sein ; 2° lorsque cette société, l'abandonnant à lui-même sans aucune ressource, et sans lui fournir aucun moyen de pourvoir à son existence, semble ne l'avoir fait naître dans son cercle que pour pouvoir le traiter en esclave ; 3° lorsqu'il s'aperçoit que l'éducation qu'il a reçue, et dont il n'a pu être ni le directeur ni le juge, ne lui a été donnée que dans le but de faire de lui un être productif pour les autres.

D. Qu'est-ce qui doit déterminer l'homme à la révolte ?

R. L'oppression, de quelque nature qu'elle soit.

D. Qu'appelez-vous oppression ?

R. Toute atteinte portée aux droits naturels de l'homme.

D. L'homme est-il libre dans le choix de sa carrière ?

R. Oui, c'est lui-même qui doit l'embrasser ; c'est à lui de faire sa condition ; c'est à son génie particulier de le classer.

CHAPITRE III

DES DIVERSES SOCIÉTÉS DE L'HOMME

D. Qu'est-ce qu'une société ?

R. Tant que les hommes peu nombreux s'assemblèrent par groupes épars sur la terre, sans établir entre eux aucune espèce de convention, et seulement pour obéir à la voix de la nature ou de l'instinct, les sociétés qu'ils formèrent furent tout simplement des réunions d'animaux de la même espèce, auxquelles le nom de troupeaux aurait bien mieux convenu ; car chaque individu, conservant son entier égoïsme au milieu de tous, y demeurait parfaitement isolé. Maintenant, par suite des progrès de l'espèce humaine, sous les rapports du nombre et des lumières, on doit entendre par société : une association réfléchiequ'ont formée certains hommes, afin de pouvoir vivre avec plus d'aisance et de sécurité, en mettant leurs travaux et leurs intérêts en commun, et en se prêtant un aide et une protection réciproques.

D. Quelles sont les diverses sociétés que l'homme a établies?

R. Ce sont la Famille, la Peuplade, la Tribu, la Nation policée ou Peuple civilisé, l'Etat o l'Empire.

D. Qu'entendez-vous par la société de famille?

R. J'entends par la société de famille la première de toutes les sociétés, et la seule naturelle. Le père en est le chef.

D. Qu'entendez-vous par peuplades et tribus?

R. J'entends par peuplades et tribus les grandes assemblées qui se forment par l'augmentation et la fédération des familles, et qui se choisissent des chefs communs, l'administration des pères étant devenue insuffisante.

D. Quels sont les chefs des peuplades et tribus?

R. Ce sont les hommes reconnus pour les plus courageux, les plus éloquents, les plus sages ou les plus forts ; enfin ceux qui paraissent devoir être le plus utiles sous un rapport quelconque à leurs assemblées, car la protection réciproque et le bien-être des familles sont le but de leur fédération.

D. Qu'entendez-vous par nations policées ou peuples civilisés ?

R. J'entends par nations policées ou peuples civilisés ces grandes assemblées formées par l'augmentation et la réunion des peuplades et des tribus qui, soumises chaque jour à de nouveaux besoins, attaquées pas de nouveaux vices, ne pouvant plus rester nomades, sont forcées de se fixer des habitations, de frayer des routes, de creuser des canaux, de bâtir des villes, de s'occuper d'inventions, enfin de songer aux arts et aux sciences.

D. Qu'entendez-vous par états ou empires?

R. J'entends par états ou empires ces masses de populations qui, s'étant formées d'abord par la réunion des peuplades et des tribus, et s'étant ensuite constituées en nations policées ou peuples civilisés, se sont créé des usages particuliers, et partant des lois auxquelles elles consentent réciproquement d'être soumises.

5.

D. Qu'appelez-vous loi ?

R. J'appelle ainsi une condition faite et acceptée par tous les membres d'une société, et par cela même sacrée pour chacun d'eux, jusqu'au moment où il est convenu de nouveau par tous qu'elle est abrogée.

D. Quelle est la meilleure société ?

R. Celle, comme dit J.-J. Rousseau, qui défend et protége, de toute la force commune, la personne et les biens de chaque associé, et par laquelle chacun, s'unissant à tous, n'obéit pourtant qu'à lui-même, et reste aussi libre qu'auparavant. C'est la Démocratie.

CHAPITRE IV

DES DIVERSES FORMES DE GOUVERNEMENTS

D. Par quels moyens les hommes, après s'être fait des lois, parvinrent-ils à assurer leur exécution ?

R. Par le moyen des gouvernements.

D. Qu'appelez-vous gouvernement ?

R. J'appelle gouvernement la réunion des

hommes qui président à l'exécution des lois. Comme les chefs des diverses assemblées ne pouvaient y veiller seuls, il y eut des hommes qui s'en occupèrent, et c'est le corps entier de ces hommes portant individuellement le nom de magistrats, qui prend celui de gouvernement.

D. Combien existe-t-il d'espèces de gouverments ?

R. Il n'y en a eu jusqu'ici que de deux sortes, savoir : le gouvernement monarchique, et le gouvernement républicain.

D. Comment est organisé le gouvernement monarchique ?

R. Il peut être organisé de deux manières : 1° en gouvernement monarchique absolu, 2° en gouvernement monarchique constitutionnel ou représentatif.

D. Qu'appelez-vous gouvernement monarchique absolu ?

R. J'appelle gouvernement monarchique absolu celui où le chef héréditaire n'a d'autres bornes à sa puissance que sa volonté.

D. Qu'appelez-vous gouvernement monarchique constitutionnel ou représentatif ?

R. J'appelle gouvernement monarchique constitutionnel ou représentatif celui où l'autorité du chef héréditaire est tempérée par une charte ou constitution, et par des assemblées législatives.

D. Comment est organisé le gouvernement républicain?

R. Le gouvernement républicain peut être organisé de deux manières : 1° en gouvernement démocratique, 2° en gouvernement aristocratique.

D. Qu'appelez-vous gouvernement démocratique ?

R. J'appelle gouvernement démocratique celui où le pouvoir réside dans le plus grand nombre.

D. Qu'appelez-vous gouvernement aristocratique ?

R. J'appelle gouvernement aristocratique celui où le pouvoir est exercé par un petit nombre de magistrats.

D. Qu'appelez-vous tyrannie?

R. J'appelle tyrannie l'abus du pouvoir dans ces divers gouvernements.

Qu'appelez-vous despotisme ?

R. J'appelle despotisme la tyrannie monarchique.

D. Qu'appelez-vous anarchie ?

R. J'appelle anarchie la tyrannie démocratique.

D. Qu'appelez-vous oligarchie ?

R. J'appelle oligarchie la tyrannie aristocratique.

D. Qu'appelez-vous République fédérative ou Confédération ?

R. J'appelle République fédérative ou Confédération la réunion de plusieurs Etats indépendants.

CHAPITRE V

DE LA MEILLEURE FORME DE GOUVERNEMENT

D. Le gouvernement paternel de famille peut-il convenir aux peuples d'aujourd'hui ?

R. Non. Leurs populations sont trop nombreuses, et leurs territoires trop étendus.

D. Le gouvernement électif des peuplades et des tribus leur serait-il plus avantageux ?

R. Non. La civilisation qu'il a pu aider dans le principe est trop avancée.

D. Le gouvernerment monarchique absolu leur conviendrait-il davantage ?

R. Non, car un gouvernement ainsi constitué ne peut manquer de produire le despotisme; sous lui, la Nation n'a aucune espèce de garantie; l'histoire est là pour attester, d'un côté les crimes des chefs et leur tendance à l'abrutissement, de l'autre la misère et la dégradation des peuples qui se sont laissés régir ainsi.

Les gouvernements absolus sont le plus souvent nés dans le sang, appuyés sur des esclaves et des soldats mercenaires, ils se soutiennent par la terreur.

Qui ne connaît aujourd'hui leurs priviléges outrageants, leurs prodigalités révoltantes, leurs ridicules parcimonies, leurs scandaleuses prostitutions, leurs bassesses, leurs fourberies, leurs parjures, leurs polices infâmes, leurs machinations infernales?

D. Le gouvernement monarchique constitutionnel ou représentatif doit-il être préférable?

R. Non. Car il n'a pas même le mérite de la franchise du gouvernement absolu et ment le plus souvent à son origine; chez lui tout est despotisme, sous apparence de liberté. Un coup d'œil sur son organisation doit suffire, pour convaincre de sa monstruosité. Le chef est inviolable et héréditaire. Son entretien et les dépenses de sa cour sous le nom de liste civile coûtent des sommes énormes à la Nation. Il choisit lui-même les ministres, qui par conséquent se trouvent toujours sous sa dépendance, quoique d'ailleurs ce ne soit point lui, mais bien la Nation qui leur accorde des honoraires exorbitants. Ceux-ci disposent du trésor public, ainsi que des emplois. Avec de pareils moyens de séduction, ils ont le pouvoir de faire exécuter toutes leurs volontés, ou du moins toutes celles du chef dont ils dépendent, d'autant que la responsabilité sous laquelle ils se trouvent, est tout à fait illusoire. D'une part, leur influence mise en jeu au moyen de fonds secrets, ou de distributions d'emplois, fait nommer les députés, dont la reconnaissance seule leur assurerait ensuite les votes, quand bien même ils ne continueraient pas avec eux leur système de corruption ; d'une autre les députés nommés et gagnés par les ministres, sont chargés de fixer eux-même la quotité du budget, qui doit en partie servir à payer les frais de leur élection, et le sacrifice de leur propre conscience. En résumé, ce sont les députés qui fixent le budget, et c'est avec le budget qu'on fait nommer les députés.

D. Quel est donc le gouvernement qui offre le plus de chances de bonheur aux peuples ?

R. C'est, sans contredit, le gouvernement démocratique, où le pouvoir s'exerce par les représentants directs du peuple, et où le morcellement de la puissance exécutive est une garantie pour les citoyens. C'est le gouvernement, en un mot, le plus propre à mettre en pratique la devise humanitaire — *Fraternité* — *Liberté* — *Égalité*.

D. Pourquoi le gouvernement républicain aristocratique ne vaut-il pas le gouvernement républicain démocratique ?

R. Parce que, quand le pouvoir est dans les mains d'un petit nombre de magistrats, choisis dans une classe particulière, il y a toujours lieu de craindre qu'il ne se glisse parmi eux des idées de privilége et d'éloignement pour le peuple, avec lequel ils sont accoutumés à ne pas avoir de contact.

CHAPITRE VII

DE LA RÉPUBLIQUE OU DÉMOCRATIE

D. Quel est le but de la République?

R. La satisfaction des intérêts de tous.

D. Sur quelle base doit-elle reposer?

R. Sur le principe de la souveraineté du peuple.

D. Comment le peuple peut-il être souverain?

R. En faisant lui-même tout entier, ou par des mandataires qu'il a élus directement, la charte ou constitution qui doit le régir, et qu'il a le droit de modifier, détruire et changer, quand il lui plaît.

D. Qu'appelez-vous charte ou constitution?

R. J'appelle charte ou constitution le corps des conditions premières et d'intérêts majeurs auxquelles existe une société.

D. Quelles doivent être les principales garanties données par la constitution?

R. La constitution doit garantir : les libertés de cultes, d'enseignement, d'opinion, d'associa-

tion et de mouvement. Elle doit garantir l'égalité des droits, le respect et la protection aux
personnes, l'inviolabilité du domicile et le secret
des lettres, la jouissance de la propriété, le
juste emploi des fonds publics, l'existence à
chaque citoyen, la légitime défense, l'abolition
de la peine de mort.

D. Qu'entendez-vous en disant que la constitution doit garantir la liberté des cultes ?

R. J'entends que toutes les croyances doivent être tolérées, et que tous les rites peuvent
être exercés aux frais des religionnaires, pourvu
toutefois qu'ils n'occasionnent pas de désordre.

D. Qu'entendez-vous en disant que la liberté
d'enseignement doit être garantie ?

R. J'entends que chacun doit avoir le droit
d'enseigner ce qu'il sait, soient langues, soient
sciences, soient arts libéraux, soient métiers,
sans être gêné par des priviléges, des mono-
poles ou des patentes. (Voyez, à la page 40,
Système, l'Instruction.)

D. Qu'entendez-vous en disant que la liberté
d'opinion doit être garantie ?

R. J'entends que chacun doit être libre de
publier verbalement ou par écrit tout ce qu'il
pense sur les affaires publiques, sauf à répondre de ces calomnies ; et que ni cautionnement,

ni timbre, ni censure quelconque ne doivent l'entraver. L'expression de la pensée, soit verbale, soit écrite, doit être aussi libre que le regard.

D. Qu'entendez-vous en disant que le droit d'association doit être garanti ?

R. Je veux dire que tous les citoyens doivent pouvoir s'associer, quel que soit l'intérèt qui les y porte, qu'ils doivent être libres de pétitionner, et qu'enfin toutes les assemblées, de quelque nature qu'elles soient, doivent être tolérées. Si le gouvernement convient au pays, il n'a pas à craindre qu'on le renverse, et s'il ne lui convient pas, il faut qu'il soit renversé.

D. Qu'entendez-vous en disant que le droit de mouvement doit être garanti ?

R. J'entends que chacun doit être libre de transporter son domicile partout où il lui plaît, d'aller et de venir, soit au dehors, soit au dedans, sans qu'on puisse, pour un motif quelconque d'intérèt politique, l'obliger à rester dans un lieu, ou l'empêcher de se rendre dans un autre.

D. Qu'entendez-vous en disant que la constitution doit garantir à chacun l'égalité des droits ?

R. J'entends que tous les citoyens doivent pouvoir être admis à tous les emplois, sans autre distinction que celle du mérite particulier ; que tous doivent être électeurs, éligibles, jurés, gardes nationaux et soldats ; que tous peuvent être appelés devant les tribunaux et sont passibles des mêmes peines ; que les impôts les frappent tous, d'une manière proportionnelle à leur fortune ; qu'ils supportent proportionnellement aussi les charges publiques qu'enfin la fortune ou les fonctions ne donnent aucun privilége, et ne détruisent pas le niveau entre le plus humble citoyen et le ministre, quand ce dernier est hors de ses fonctions. Alors, ils sont tous deux membres du pouvoir souverain.

D. Qu'entendez-vous en disant que la constitution doit garantir le respect et la protection aux personnes ?

R. J'entends que nul citoyen ne doit être forcé à se faire justice lui-même, et qu'il doit trouver dans la loi, les moyens d'avoir raison, soit des calomnies, soit des outrages, soit des coups, soit enfin des préjudices d'une nature quelconque dont on chercherait à le rendre victime, et que le nom de citoyen qu'il porte doit le faire respecter, comme un des membres du pouvoir souverain.

D. Qu'entendez-vous quand vous dites que

la constitution doit garantir l'inviolabilité du domicile et le secret des lettres?

R. J'entends que le citoyen qui n'est que simple accusé soit, quand il obéit au nom de la loi, à l'abri de toute violence et de toute insulte; que dans l'arrestation, dans la détention provisoire, dans l'instruction et dans le jugement, il soit environné de tous les égards qui sont dus à l'innocent, et que son domicile et ses papiers ne puissent être fouillés, quelque fortes que soient les présomptions, même au nom de la loi, hors des cas déterminés par elle, et des formes qu'elle prescrit.

D. Qu'entendez-vous en disant que la constitution doit garantir la jouissance de la propriété?

R. J'entends que chaque citoyen doit pouvoir jouir, comme d'un droit sacré, du fruit de son travail et de son industrie, et des biens qui lui sont reconnus par la loi; que l'Etat n'a pas le pouvoir d'exiger d'eux plus d'impôts que ceux qui sont rigoureusement indispensables à l'administration.

D. Qu'entendez-vous quand vous dites que la constitution doit garantir le juste emploi des fonds publics?

R. J'entends que le pouvoir exécutif doit

être tenu d'apporter à une époque déterminée sous les yeux de la Nation assemblée, ou de ses délégués, le mémoire des dépenses qu'il a été chargé de faire pour elle, afin de justifier de l'emploi des fonds que dans ce but la Nation avait mis à sa disposition.

D. Qu'entendez-vous quand vous dites que la constitution doit garantir l'existence à chaque citoyen ?

R. J'entends que chaque membre de la société a droit d'exiger d'elle des moyens de subsistance, s'il est capable de travailler; et que la société en doit en outre à ceux de ses membres qui sont hors d'état de lui être utiles.

D. Comment l'existence peut-elle être garantie à chaque membre de la société ?

R. Par l'institution d'une caisse éternelle, dans chaque arrondissement. (Voyez la page 62 *Système.*)

D. Qu'entendez-vous quand vous dites que la constitution doit garantir le droit de légitime défense?

R. J'entends que tout citoyen opprimé, et manquant de la garantie sociale, ou ne pouvant y recourir, a, aussi bien que le corps social tout entier qui se trouve dans le même cas, le droit naturel de se défendre lui-même.

D. Pourquoi dites-vous que la constitution doit garantir l'abolition de la peine de mort ?

R. Parce qu'un corps social tout entier ne possède pas plus qu'un seul individu le droit de priver de la vie un de ses membres ; et que, pour être approuvé par la majorité des citoyens, le meurtre juridique n'en est pas moins un meurtre. L'attentat à la vie ne se conçoit qu'à l'instant même où la légitime défense est autorisée. La victime seule, si elle pouvait ressusciter, auraitle droit de donner la mort à son assassin.

CHAPITRE VII

DU POUVOIR POPULAIRE

D. Quel doit être le premier de tous les pouvoirs dans la République ?

R. Le pouvoir populaire, ou national, ou constituant ou déléguant, ou électoral.

D. Pourquoi dites-vous national ?

R. Parce que le peuple, composant la population entière d'une nation, le pouvoir ne peut venir que de lui, et doit être par conséquent appelé national.

D. Pourquoi dites-vous constituant ?

R. Parce que le peuple seul a le droit de faire sa charte ou constitution.

D. Pourquoi dites-vous déléguant ?

R. Parce que si le peuple ne veut pas soigner lui-même ses intérêts dans certaines circonstances, il a le pouvoir d'en confier le soin à des délégués.

D. Pourquoi dites-vous électoral ?

R. Parce que le peuple tout entier doit participer aux élections, afin que sa volonté soit bien connue.

D. Par quel moyen faire reconnaître le pouvoir populaire, comme le premier de tous ?

R. En faisant dépendre tous les autres de lui.

D. Quel nom doit porter l'homme qui vit sous un gouvernement démocratique ?

R. Celui de citoyen, qui doit être à ses propres yeux, et à ceux des autres, le premier de tous les titres, car il signifie qu'il est un des membres du pouvoir souverain, qui était autrefois la cité, et qui est aujourd'hui le corps social, tout entier.

D. Comment la République doit-elle être organisée ?

R. Elle doit être d'abord une et indivisible. Il faut que tout chez elle soit fait par voie d'élection ; que ce soit l'élection qui crée un pouvoir représentatif, exécutif ou gouvernemental, un pouvoir législatif, un pouvoir judiciaire, rétribués chacuu proporticnnellement à l'importance de ses travaux, une administration centrale ou nationale, et enfin des administrations municipales et départementales.

D. Pourquoi dites-vous que la République doit être une et indivisible ?

R. Parce que le gouvernement démocratique est basé sur la volonté générale qui est indivisible, et que tout dans une République doit être un, lois, administration, territoire, sans égard ni à la séparation idéale des lieux, ni à leurs usages particuliers, pas plus qu'à leurs intérêts.

D. Qu'entendez-vous par élection ?

R. Le droit qu'a chaque citoyen de donner son suffrage dans tout ce qui peut intéresser le bien général, dans lequel le sien se trouve compris, soit qu'il s'agisse d'organiser, soit qu'il s'agisse de maintenir ou d'abolir.

D. Comment chaque citoyen peut-il donner son suffrage ?

R. Pour qu'il puisse donner son **suffrage**, il faut qu'il y ait des assemblées dans toutes les communes, que les présidents de ces assemblées, après avoir recueilli le vote de chacun de leurs membres, en fassent passer la liste aux directoires d'arrondissement, que ceux-ci, ayant fait le recensement total des arrondissements respectifs, le rendent public, après l'avoir passer au membre du pouvoir législatif chargé des suffrages, et qu'enfin ce dernier présente à l'Assemblée nationale le recensement général. Ainsi chacun peut mettre sa volonté au jour. Ainsi peut être connue la majorité. (Voyez à la page 54 du *Système*.)

D. Qu'appelle-t-on majorité ?

R. On appelle majorité la partie la plus nombreuse d'une société qui se divise.

R. Y a-t-il plusieurs sortes de majorités ?

R. Oui. Il y a la majorité entière et légitime, et la majorité partielle et tyrannique.

D. Qu'entendez-vous par majorité entière et légitime ?

R. Celle qui résulte d'une assemblée où sont réunis tous les citoyens intéressés à en faire partie.

D. Qu'appelez-vous majorité partielle ou tyrannique ?

R. J'appelle ainsi une majorité issue d'une assemblée où ne se trouverait réunie qu'une partie des citoyens intéressés à son objet. Ainsi par exemple, la majorité qu'obtiennent dans leur assemblée départementale les députés qui n'ont été élus que par des colléges restreints, et qui par conséquent ne représentent pas tous les intérêts, est une majorité partielle et tyrannique.

D. Doit-on obéir à la majorité?

R. Oui sans doute, quand elle est entière et légitime, car alors elle est puissante ; et il lui est facile de contraindre quiconque se refuse à reconnaître sa volonté.

D. Doit-on obéir à la majorité partielle et tyrannique ?

R. Non, l'obéissance ne peut-être que forcée, et les efforts tentés pour s'en affranchir deviennent légitimes.

D. Qu'entendez-vous par pouvoirs représentatif, exécutif ou gouvernemental ?

R. La réunion des citoyens que le peuple a élus immédiatement lui-même, pour être ses magistrats, auxquels il confie le soin de représenter et faire exécuter la volonté générale, soit au dehors, soit au dedans. Ce pouvoir doit être temporaire et responsable.

D. Qu'appelez-vous pouvoir législatif ?

R. J'appelle pouvoir législatif la réunion des citoyens que le peuple a élus directement et librement, c'est-à-dire sans aucune influence du pouvoir exécutif, pour faire ses lois. Ce pouvoir doit être temporaire.

D. Qu'appelez-vous pouvoir judiciaire ?

R. J'appelle pouvoir judiciaire la réunion des citoyens qui ont obtenu, par voie d'élection leurs emplois, qui consistent à faire l'application des lois. Ce pouvoir doit être temporaire et indépendant du pouvoir exécutif, afin qu'il puisse frapper les coupables, et protéger les innocents, quels qu'ils soient.

D. Qu'entendez-vous par administrations municipale et départementale ?

R. Je veux dire que les communes et les départements, en se soumettant à la surveillance et à la direction consultative de l'administration centrale ou nationale, doivent être libres de s'administrer eux-mêmes, ou par des mandataires de leur choix.

D. Qu'entendez-vous enfin par administration centrale ou nationale ?

R. J'appelle ainsi une administration qui a droit de connaître toutes les autres, afin de toujours savoir où en sont les intérêts du pays,

soit au dedans, soit au dehors, et qui possède
assez d'autorité pour assurer son indépendance
et son repos, sans en posséder assez pour devenir gênante et humiliante aux municipalités et
aux départements.

CHAPITRE VIII

DES MOYENS QU'ONT LES PEUPLES D'AUJOURD'HUI DE PASSER DU GOUVERNEMENT MONARCHIQUE AU GOUVERNEMENT RÉPUBLICAIN.

D. Comment un peuple qui se reconnaît esclave sous un gouvernement monarchique
peut-il le renverser, pour s'en donner un démocratique, c'est-à-dire pour se gouverner lui-
même?

R. Il a deux moyens d'y parvenir, savoir :
celui de l'instruction ou de la force morale, et
celui de la révolte ou de la force matérielle.
Cette dernière du reste doit être employée tout
aussi bien dans un cas que dans l'autre, mais
dans des proportions différentes.

D. Comment peut-il y parvenir par la voie de l'instruction ou de la conviction ?

R. Il faut, pour qu'il puisse y arriver de cette manière, que les hommes éclairés qui veulent le bonheur des masses, et sont par conséquent ennemis du gouvernement qui les parque, les abrutit et les pressure, travaillent à élargir les intelligences inférieures, qu'ils fassent ressortir aux yeux des classes pauvres et souffrantes, d'un côté les infamies du régime qui est en vigueur, avec les misères de leur propre condition qui ne proviennent que de lui, et d'un autre les avantages positifs du gouvernement futur, et les améliorations certaines qu'il doit apporter à leur sort, puisqu'elles le régleront elles-mêmes. Il faut que par la presse, la prédication, ou tout autre moyen moins ouvert de propagande, la notion des idées républicaines s'établisse jusque dans le moindre bourg ; que ces idées gagnent insensiblement les classes riches qui s'en déclarent si hautement les antagonistes ; qu'elles pénètrent surtout dans les rangs de l'armée, et qu'enfin chacun étant bien persuadé que le système monarchique est inhumain et dégradant, et que le régime démocratique doit contribuer au bien-être de tous, la confiance générale lui soit assurée.

D. Pourquoi dites-vous, surtout dans les rangs de l'armée?

R. Parce que le soldat qui est sans aucune espèce d'instruction, qui ignore l'organisation sociale dont il fait partie, et ne raisonne jamais sur sa position, ne sachant pas d'où provient le modique salaire qui paie ses fatigues, et qui a été prélevé sur lui-même et sur sa famille, croit qu'il appartient au gouvernement qui le lui donne, se considère par conséquent comme esclave des ordres qu'il reçoit, et sert ainsi de soutien et de protecteur au despotisme. C'est le soldat qui fait le pouvoir; dès qu'il aura bien compris sa situation, il n'y aura plus d'armée possible qu'une armée citoyenne.

D. En quoi doit consister l'instruction du peuple?

R. Elle consiste, au moins dans la lecture, l'écriture, le calcul, les leçons orales, les évolutions militaires et le maniement des armes. Lorsque chacun aura reçu ces commencements d'éducation, non-seulement il pourra mieux juger de son passé, et mieux connaître ses droits et ses devoirs, mais encore il saura combiner son avenir, et quand il aura atteint le but projeté, c'est-à-dire l'établissement dn gouvernement démocratique, son intelligence, qui ira toujours croissant, pourra fouiller dans les affaires publiques ; les journaux lui en fourniront les moyens. Son rôle acquerra aussi de l'indépendance, car plus on peut par soi-même, moins on a recours aux conseils d'autrui. L'instruction est même le seul moyen qui reste aux masses de profiter positivement des révolutions qu'elles exécutent. Sans elle, il leur est impossible de ne pas se livrer au premier intrigant, qui y verra plus clair. Il faudrait, pour qu'il n'y eût plus de dupes, que chacun fût à même de concourir à la nouvelle organisation.

D. Pourquoi dites-vous que le Réformiste ou Républicain doit apprendre les évolutions militaires et le maniement des armes ?

R. Parce que non-seulement il en aura besoin le jour où il devra combattre pour la réforme, mais encore parce que, plus tard, chaque citoyen sera soldat de la République.

D. Dans quel cas un peuple doit-il tenter de renverser un gouvernement par la force matérielle ?

R. Si le peuple qui gémit sous le gouvernement monarchique, et qui se reconnaît assez mûr pour le changer contre un démocratique, rencontre néanmoins par le vice même de son organisation présente, une majorité qui s'op-

pose à toutes ses idées d'amélioration, il faut
qu'il recoure à la force matérielle, afin de renverser les obstacles qui le gênent, et de pouvoir
se diriger comme il l'entend (ailleurs se trouve
indiquée la théorie des moyens matériels qu'il
devra mettre en usage, et dont la combinaison
sera telle qu'une fois connue de chacun, ni
police ni force militaire ne sauraient en empêcher le succès).

CHAPITRE IX

DES DEVOIRS DU RÉPUBLICAIN

D. Quel doit être le premier sentiment des
membres d'une société qui, après avoir reconnu
tous les vices du gouvernement monarchique,
se proposent de lui substituer un gouvernement
démocratique ?

R. Leur premier sentiment doit être celui de
l'union. Il faut qu'ils commencent par s'entendre bien entr'eux, que toutes les nuances
d'opinions particulières s'effacent, que tous les
amours-propres se taisent, et que chacun mar-

che franchement vers le but commun. C'est par leur parfaite intelligence qu'une poignée d'hommes peut parfois être opposée à une masse compacte et formidable.

D. Quels sont les autres sentiments qui doivent les animer ?

R. 1° Le sentiment de leur dignité, comme hommes ; 2° celui de leur dignité, comme citoyens. Après avoir étudié les droits que ce double titre leur donne, ils doivent s'armer d'un zèle, d'une constance et d'un courage à toute épreuve pour les reconquérir. Il importe surtout que chacun veuille sincèrement l'établissement de la République ou de la Réforme, non pas seulement parce qu'elle devra ajouter à son bien-être particulier, mais parce qu'elle devra augmenter le bien-être général.

D. Que doivent faire ensuite les membres qui se reconnaissent aptes à la Réforme ?

R. Il faut d'abord qu'ils se comptent pour voir si leur nombre offre quelques chances de succès ; quoique en minorité, ils ont droit d'attendre une issue favorable, s'ils apportent avec eux l'énergie de la conviction, car ce n'est pas le nombre qui constitue la force, elle est toute dans le dévouement. Après s'être bien pénétrés de la grande action qu'ils vont faire, avoir

pesé sa justice, et dénombré ses immenses
résultats, ils doivent prendre leurs armes,
déployer leur étendard, et exécuter avec en-
thousiasme les ordres qui leur sont donnés par
leurs chefs électifs.

D. Quelle doit être leur conduite dans l'action?

R. Ils doivent se battre contre le pouvoir existant avec d'autant plus de courage que leur
cause est plus sainte, leurs moyens plus faibles,
leur nombre bien inférieur, et qu'il ne leur sera
fait d'ailleurs aucune grâce, s'ils viennent à
être vaincus; ne faire aucun quartier à tout ce
qui est ennemi radical, épargner les prisonniers
volontaires, respecter les monuments qui appartiennent à la Nation, le trésor public, ainsi
que les propriétés et les fortunes particulières,
punir à l'instant le misérable qui viendrait à pré-
variquer, et qui pourrait souiller la Révolution.

D. Où doit être commencée la révolution?

R. Le plus souvent dans la capitale, à moins
de circonstances exceptionnelles.

D. Pourquoi?

R. Parce que c'est le point de centralisation
de tous les pouvoirs.

D. Que reste-t-il à faire au peuple, après sa
victoire?

R. Il doit organiser immédiatement le gouvernement Républicain ou Réformiste, faire ses premières élections avant de déposer les armes, se tenir en garde contre l'aristocratie, comprimer la guerre civile, se montrer prêt à résister aux menaces de l'étranger, s'il y a lieu, traiter les peuples en frères, et favoriser la propagande réformiste chez eux.

FIN.

Paris. — Imp. Balitout, Questroy et Cⁱᵉ, 7, rue Baillif.

ŒUVRES DE X. SAURIAC

LE CATÉCHISME DU PROLÉTAIRE

UN SYSTÈME D'ORGANISATION SOCIALE

LA MORT DE JÉSUS,
Tragédie sociale